ルカによる福音書とともに

自己の内面を読む

ガエタノ・ピッコロ［著］　松岡陽子［訳］

女子パウロ会

みことばの種の住まいとなった

イエスの仲間たちへ

LEGGERSI DENTRO Con il Vangelo di Luca
di p. Gaetano Piccolo

Published 2021 in Japan by Joshi Paulo-kai

もくじ

自己の内面を読む

ルカによる福音書とともに

ブックデザイン■森 木の実

＊表紙カバーのイコン（モザイク画）

「イエスの神殿への奉献」“Presentazione di Gesù al tempio”の部分
マルコ・イワン・ルプニックとアレッティセンターのアトリエ作

イエスが生まれて40日後に、マリアとヨセフは神殿でイエスを神に奉献する。モザイク画は、マリアとヨセフが、質素な家族のささげものである、山鳩一つがいか、家鳩のひな二羽をささげているところ。ルカ2・22－38参照。

はじめに

この本は、あなたの日々の祈り、霊的読書、または神のみことばに照らして自分を見つめてみたいときに使っていただけるでしょう。そこで、お役に立てば、祈りの時間の組み方について一つの方法をお勧めします。

◆**祈りを準備する**——祈りに入る前に、祈りの場所、時間、どの箇所を用いるかを決めます。祈りの間に変える必要が出てきたり、散漫になったりするのを避けるためです。

◆**祈りに入る**——神がおられることを意識し、神に出会っていただきます。あなたのありのままを主に差し出し、すべてを意のままにしていただくようにします。

◆**望むことを願う**――人生のこの時期に心にかかっていることを、主に信頼して表します。

◆**黙想または観想する**――本文を読みながら浮かんでくる考えをとらえ、この考えから起こる感情に注意を払います。あるいは、福音の場面を思い描いて、この場面の中に身を置きます。この場合も、あなたの中で動く感情に注意を払います。

◆**祈りを結ぶ**――過ごしてきた時間のまとめとなる一つのことば、または一つのイメージを見つけます。

◆**祈りを振り返る**――祈りの間に知性と心に宿った考えと感情について、メモをとります。

序

ルカによる福音書を読み始めるために基本となる考え方

❖著者について

マタイによる福音書とマルコによる福音書を読んだ人であれば、ルカによる福音書の最初の数節に触れると、これまでにない新しさが感じられるでしょう。序文の中で、著者は、当時のヘレニズムの歴史家が用いた様式をいくらか真似て著作を紹介しています。ここから、彼がその中に生きていた偉大な文化に対する特別な感性が読み取れるとともに、イエスの生涯の出来事の歴史的面について、卓越した考察がなされたことが分かります。当時の歴史学で用いられていた方法論に従って行った資料収集の作業を、ルカがどのように描いているかを考えれば十分でしょう。「わたしもすべての事を初めから詳しく調べていますので、順序正しく書いてあなたに献呈するのがよいと思いました」（1・3）と記されています。さらに、「目撃し（た）……人々」（1・2）と自分自身を区別しているところから、明らかにルカは、イエスを個人的に知った初代の弟子たちのグループの外にいて、他者の証言に頼らなければなりませんでした。この点で、著者はわたしたち、今の信徒と似ているところがあります。わたしたちも、イエスについて最初の弟子たちのような直接的な体験はなく、間接的に知るだけです。こうして見ると、ルカに対する関心や好感がいっそう増してきます。

ルカについては、際立った人物像が伝承されています。ともかく多くの教父の見解によれば、職業は医師で、パウロの弟子、当時のギリシア語を巧みにあやつる秀でた才能をもった著作家です。いずれにしても、ルカは「リモートで」書いています。言ってみれば、福音を執筆するときはパレスチナの地とその風俗習慣を詳しく知らずに書いているのです。

❖著作について

福音書冒頭の「献呈の言葉」の重要性についてはすでに触れましたが、ルカは同時代の歴史家に地道に倣おうとしたばかりでなく、イエスの物語を書き上げたのは彼が最初ではないと明かしています（1・1参照）。ほぼ確実にマルコによる福音書を示唆していると思われ、ルカはおおむねマルコによる福音書の基本的な構成、つまり一連の筋書きに沿い、その一方で、固有の源泉から汲んだ独自の加筆を織り込んでいます（イエスの幼年期や復活したイエスのエマオの弟子たちへの出現など、周知されている福音の箇所を思い起こせば十分でしょう）。

物語は、救い主の到来を語る「導入」をもって始められます（1・1〜4・13）。この項では、洗礼者ヨハネとイエスそれぞれの最初のエピソードが、その受胎から両者の公生活の開始に至るまで、まさに対照的に描かれています。このようにしてルカは、イエスの生涯の出来事が、やはり稀有であったヨハネの場合よりも、いかに固有なものであり重要であるかを明らかにしています。例えば、幼年期の福音（1・5〜2・51）では、イエスの誕生が、ヨハネの誕生よりもはるかに重要で特異なものであることが示されています。洗礼者ヨハネが神の奇跡的介入によって誕生する一方で（両親は年をとっており、エリサベトは不妊の女）、イエスの到来は超自然から発します（マリアは処女のまま懐妊し、その胎内の子は神の御子)。このようにルカは、神がどのように昔からの約束を確かに守っておられるかということ、それどころか、約束を成就するにとどまっておられないことを強調します。起こってくることは、決して約束によるものだけではないからです。ひとえに約束を超えるのです。

導入でイエスの姿が紹介された後、「ガリラヤでの宣教」(4・14〜9・50)を扱う部分が続きます。イエスの説教の開始には、相反する特徴が見られます。イエスの故郷、ナザレの会堂では、皆が好奇心を抱いて話を聞きますが、後からイエスを追い出し、突き落とそうとして山の崖まで連れて行きます(4・29参照)。その後人々は、イエスが奇跡を伴ったわざを行うのを目にし、またその教えに心を奪われ、「大預言者」(7・16参照)と称賛します。しかし、ファリサイ派のシモンは罪深い女がイエスに触れるのを見て、「預言者」であることに強い疑いを抱きます(7・39参照)。人々の期待はいくらかかなえられるとは言え、イエスは期待に応えるだけではありません。ある意味で期待を超え、期待を覆すので、少々の不満どころでないものが起こってきます。事実、イエスの活動は預言者の活動と同一視できるものではなく、突き詰めればメシアの活動とさえも同一とは言えません。

イエスは、罪をゆるし、自然の力に対しても奇跡を行うなど、神だけが行うことのできる行為を果たすからです。

ガリラヤを後にし、イエスは「エルサレムに向けての歩み」を始めます。これが福音書の第三部です（9・51〜19・44）。この項では、実に多様な事柄が記されています。出会い、奇跡、教え、たとえ話、論争などで、そこに共通するテーマを見抜くのはたやすくはありません。とても雑多なエピソードが集まっているのです。しかし、一つの要素は四回繰り返されており、読者は、イエスが聖なる都に向かって進んでいるという状況を思い起こします。これは、地理的というより、実存的な状況を指しているようです。イエスには、エルサレムに赴くという追求すべき唯一の目標があります。顔に読み取れるほど、イエスは決然とこれを遂行します。「イエスは、……エルサレムに向かう決意を固められた――文字どおりの意味は『顔を固くされた』」（9・51）。

実際、弟子たちとともに聖なる都に到着すると、イエスは――神殿という環境で――民衆に教え、律法学者たちと論争する、精力的な活動を開始します。律法学者との論争の結果、指導者たちが彼を殺そうと企てることになります。「毎日、イエスは境内で教えておられた。祭司長、律法学者、民の指導者たちは、イエスを殺そうと謀ったが、どうすることもできなかった。民衆が皆、夢中になってイエスの話に聞き入っていたからである」（19・47〜48）。さしあたり、人々はイエスの側に立っています。

物語の最終部分は、「受難、死、復活、昇天」（22・1〜24・53）という、イエスの生涯最後の出来事で占められています。まず、ルカのいちばん独創的な要素は、地理的・時間的な設定です。全部の出来事がエルサレムに特定され、すべてはわずか一日に凝縮されています。一方、マタイやマルコによる福音書では、範囲はガリラヤにまで広げられています。なぜ、聖なる都で、空間と時間が圧縮されているのでしょうか？　それは、（福音書で語られる）イエスの活動全体の集約点、目的であるこの都が、（使徒言行録で語られる）キリスト者共同体による地の果てに至るまでの証しを推し進める拠点となるからです。この場合の「地理的・時間的な凝縮」は、神学的意味から語ることができます。エルサレムで起こることは、実際に、救いの歴史の頂点であり源泉なのです。イエスの叙述は終わりますが、それに合わせ、そこからほとばしり出て教会に託された新しい命が始まります。「次のように書いてある。『メシアは苦しみを受け、三日目に死者の中から復活する。また、罪の赦しを得させる悔い改めが、その名によってあらゆる国の人々に宣べ伝えられる』と。エルサレムから始めて、あなたがたはこれらのことの証人となる」（24・46〜48）。ですから、イエスが身体的に存在しなくなっても、この出来事は終わりません。使徒言行録に描かれているのは、福音の物語の証しを受け取って、告知のために走り続けることだけです。

この福音の最後の部分については、二つの点を特筆するにとどめたいと思います。一点は受難物語、もう一点は復活後の出現物語に関するものです。受難の極限で、イエスは神への委ねの内に描かれており、神に対する見事な子としての信頼を生きています。「父よ、わたしの霊を御手にゆだねます」（23・46）。マタイとマルコによる福音書でも、イエスは御父にご自身を委ねますが、ただ、この二つの福音書では、「わが神、わが神、なぜわたしをお見捨てになったのですか」という、いっそう劇的なことばが聞かれます（マタ27・46、マコ15・34）。また、復活後の出現においては、ルカは、共観福音書の中できわめて独創的です。エマオに向かう二人の弟子の体験を詳細に述べ、話全体を昇天で結んでいます。その真のねらいはいつも同じです。復活されたことで、イエスは以前のように弟子たちの中に存在しませんが、でも今後は、イエスに関するすべての出来事が、どのように神に望まれ、また、どのように神が伴っておられたかを理解できるということです。死と復活は、悲惨な偶然の出来事ではなく、確かに不思議で逆説的ではあるのですが、これをとおして神が救いのご計画を成し遂げられたのです。しかしこの理解に至るには、イスラエルの聖典を理解し直す必要があります。「イエスは言われた。『ああ、物分かりが悪く、心が鈍く預言者たちの言ったことすべてを信じられない者たち、メシアはこういう苦しみを受けて、栄光に入る**はずだった**のではないか。』そして、モーセとすべての預言者から始めて、聖書全体にわたり、御自分について書かれていることを説明された」(24・25〜27)。参考に、同様の語調は24・44〜45に見られます。ルカ福音書では、復活されたイエス自身が、自らの最後の出来事の正しい理解について、弟子たちの教育に当たります。聖書がなければ、イエスの受難と死はまるで理解しがたいものになり、神の計画に完全に沿うものであったことを直観することはできないでしょう(これが、「はずだった」という述語の神学的意味です)。

❖最後に特筆したい点

最後に、第三の福音書に固有のさまざまな特徴から、少なくとも祈り、あわれみ、喜びという三点を特筆しておきたいと思います。

祈りについて。ルカは、祈りに関するイエスの教えばかりでなく、いかにイエスが多くの状況で祈ったかを表しています。夜間は頻繁に、また十二使徒を選ぶ前に、変容の場面で、受難物語の中で、などです。イエスは、自身がまず日々忠実に祈ったのですから、弟子たちに祈るよう強く求めて当然です。

あわれみについてては、ルカが、ダンテから「キリストの柔和の作家」と称されたことが思い起こされます。罪びとに対するイエスのあわれみにささげられた、たいへん美しいページが、彼のペンによって記されています。

次に、**喜び**は救いの結果です。イエスの生涯の出来事をとおして神が歴史に介入され、そこに喜びがあふれます。喜びを味わったのは、次のような人々です。小さな洗礼者ヨハネは、エリサベトの胎内で大いに喜びます（1・41、44）。羊飼いたちは、救い主の誕生という大きな喜びが告げられるのを耳にします（2・10）。七十二人の弟子たちは、宣教を終えて、悪霊に勝利したことで喜んで帰ってきます（10・17）。イエス自身、小さな者たちだけに与えられる啓示を、聖霊によって喜びます（10・21）。いわゆる神のあわれみに関するたとえ話の中で、父である神は、失われた罪びとが見つかることを天で喜ばれます（15章）。

ザアカイは、喜んでイエスを家に迎えます（19・6）。最後に、弟子たちは復活したイエスを見て喜び、その昇天後は、喜びながら神をほめたたえるために神殿に赴きます（24・52～53）。

以上、たくさんある中でもこれらのことこそ、今日、ルカによる福音書を読む方々に祈り求められる実りでしょう。すなわち、イエスが祈っておられたという単純な理由から、たゆまず祈ること。罪びとに対するイエスの深いあわれみを体験すること。最後に、このようにして、救われたと感じる喜びに満たされることです。

アルド・マルティン神父

I

ルカ１・１～４・13

宣教開始まで

1 人生を先に進める約束

人よ、神があなたのためにどのようなものになられたかをよく見なさい。まだ話されない一人の師の内にも、深い謙遜の教えを受け取れるようでありなさい。

†アウグスチヌス

ルカによる福音　1・1〜13、18〜20、23〜25

わたしたちの間で実現した事柄について、最初から目撃して御言葉のために働いた人々がわたしたちに伝えたとおりに、物語を書き連ねようと、多くの人々が既に手を着けています。そこで、敬愛するテオフィロさま、わたしもすべての事を初めから詳しく調べていますので、順序正しく書いてあなたに献呈するのがよいと思いました。お受けになった教えが確実なものであることを、よく分かっていただきたいのであります。

ユダヤの王ヘロデの時代、アビヤ組の祭司にザカリアという人がいた。その妻はアロン家の娘の一人で、名をエリサベトといった。二人とも神の前に正しい人で、主の掟と定めをすべて守り、非のうちどころがなかった。しかし、エリサベトは不妊の女だったので、彼らには、子供がなく、二人とも既に年をとっていた。

さて、ザカリアは自分の組が当番で、神の御前で祭司の務めをしていたとき、祭司職のしきたりによってくじを引いたところ、主の聖所に入って香をたくことになった。香をたいている間、大勢の民衆が皆外で祈っていた。すると、主の天使が現れ、香壇の右に立った。ザカリアはそれを見て不安になり、恐怖の念に襲われた。天使は言った。「恐れることはない。ザカリア、あなたの願いは聞き入れられた。あなたの妻エリサベトは男の子を産む。その子をヨハネと名付けなさい。（……）」そこで、ザカリアは天使に言った。「何によって、わたしはそれを知ることができるのでしょうか。わたしは老人ですし、妻も年をとっています。」天使は答えた。「わたしはガブリエル、神の前に立つ者。あなたに話しかけて、この喜ばしい知らせを伝えるために遣わされたのである。あなたは口が利けなくなり、この事の起こる日まで話すことができなくなる。時が来れば実現するわたしの言葉を信じなかったからである。」（……）

「ザカリアは、」やがて、務めの期間が終わって自分の家に帰った。その後、妻エリサベトは身ごもって、五か月の間身を隠していた。そして、こう言った。「主は今こそ、こうして、わたしに目を留め、人々の間からわたしの恥を取り去ってくださいました。」

「約束する（原文 promettere）」ということばは、先に進めるという意味です。そして、約束は、人生の歩みを進める方法です。わたしたちは、未来があると信じる必要があります。未来は魅了し、心を奮い立たせる地平です。約束がないなら、じっと動かないままで、心は元気をなくします。わたしたちは約束する必要があり、疲れたときにもなお、一歩を踏み出すかいがあると信じられる夢をいだくことが必要です。そうです、約束とは一つの夢、一つのユートピアで、時には幻想に終わることもあります。現に、まったく守るつもりのない約束をする人たちもいるのです。

神も、一つのすばらしい約束をとおして、ご自分の民の人生を前進させました。最高にすばらしい約束、花婿が花嫁への思いを燃え立たせる約束、永遠に、どんなときも、来る日も来る日も、ともにいるという約束です。神はインマヌエル、わたしたちとともにおられる神であることを約束されたのです！　神は、わたしたちといっしょに、わたしたちを奴隷にしているファラオらに立ち向かおうと、また、近づけないように見える海を渡ろうとしておられます。いっしょに、飢え死にするのではないかという恐怖や、目的地まで旅を続けられないのではという恐れを分かち合ってくださいます。そうです、わたしたちが心底聞きたい、最高にすばらしい約束はこれです。「いつまでも、あなたといっしょにいる！」

しかし、約束が夢やユートピアによく似ているからこそ、いつでも信じられるわけではありません。わたしたちは、信じることができないほど、ややこしくなっていることがあります。すでに答えが出ていると思うとき、人生であまりに何度も落胆してきたとき、もう一度賭けようとする勇気がありません。ちょうどザカリアのようです。ザカリアは、深い霊的な一瞬のうちに神の約束を知ります。神殿で、香をささげている荘厳なとき、神の御前に留まれる特権の静寂においてでした。

ザカリアとエリサベトの人生の出来事は、昔から人類の歴史に登場する苦しむ義人のドラマを思わせます。事実、聖書は、「神の前に正しい人」であったと特記していますが、にもかかわらず、彼らの人生はふさわしい報いが得られません。義人でありながら人生の試練に遭ったヨブの物語に似ています。ヨブの望みは、死ぬ前に自分の潔白が認められることでした。おそらくザカリアとエリサベトも、正しく生きているのに自分たちは希望もなく衰えていくのかと、何度も考えたことでしょう。ザカリアとエリサベトもすでに年をとっていて、ますます熱心に祈っていたか、あるいは、約束の実現を見ることなく終わっていく人生を目の当たりにして、もっと落胆していたかも知れません。

ヘブライ人にとって一人の息子をもつことは、心配ではなく、子孫の目をとおして神の国の到来を見るという展望です。息子を得ずに死ぬことは、未来なしに死ぬことを意味します。

落胆はひじょうに強くまた長引くことがあるので、わたしたちは絶望に陥ってしまいます。厳しい現実主義に閉じこもり、望みを忘れてしまいます。ザカリアは、神から来る驚くべき出来事を受け入れるゆとりを持てません。自分の現在に埋もれ、枯渇してしまったからです。人間的な理屈にはまり込んでいるあまり、神の力の及ぶ余地がありません。

おそらく、このためにも口が利けないままになるのでしょう。ザカリアにとって黙想の時が訪れます。沈黙の内に、ザカリアは、何よりまず神の及ぼされる力について思いめぐらすことができるでしょう。ことばは、わたしたちを自分の外に連れ出し、気を散らさせ、心から遠ざけることがしばしばです。ザカリアは、自分自身とともに留まるよう、自身の内面に立ち返るように呼ばれます。そしてとりわけ、神が彼の人生の中でなさろうとしていることを沈黙のうちに観想するよう呼ばれるのです。

わたしたちの人生も、不毛の時、時間が無駄になり、意味がないと思われる時を通ります。神に希望をいだけなくなる状況です。ところが神は、ご自身がインマヌエルであることと、わたしたちの歴史の中で日々歩まれる神であることを、思い起こさせ続けるのです。

《自己の内面に向き合うために》

＊人生の歩みを進めるために、今日どのような約束が助けとなっているでしょうか？

＊どのくらい、神があなたになさった約束を信じて賭けることができるでしょうか？

2 この家はホテルじゃない

誰かがあなたのところに来て、前よりもっとよい状態になり、もっと喜ぶことがないまま帰ることのないようにしなさい。

†マザー・テレサ

ルカによる福音　1・26〜38

六か月目に、天使ガブリエルは、ナザレというガリラヤの町に神から遣わされた。ダビデ家のヨセフという人のいいなずけであるおとめのところに遣わされたのである。そのおとめの名はマリアといった。天使は、彼女のところに来て言った。「おめでとう、恵まれた方。主があなたと共におられる。」

マリアはこの言葉に戸惑い、いったいこの挨拶は何のことかと考え込んだ。すると、天使は言った。「マリア、恐れることはない。あなたは神から恵みをいただいた。あなたは身ごもって男の子を産むが、その子をイエスと名付けなさい。その子は偉大な人になり、いと高き方の子と言われる。神である主は、彼に父ダビデの王座をくださる。彼は永遠にヤコブの家を治め、その支配は終わることがない。」

マリアは天使に言った。「どうして、そのようなことがありえましょうか。わたしは男の人を知りませんのに。」天使は答えた。「聖霊があなたに降り、いと高き方の力があなたを包む。だから、生まれる子は聖なる者、神の子と呼ばれる。あなたの親類のエリサベトも、年をとっているが、男の子を身ごもっている。不妊の女と言われていたのに、もう六か月になっている。神にできないことは何一つない。」マリアは言った。「わたしは主のはしためです。お言葉どおり、この身に成りますように。」そこで、天使は去って行った。

わたしたちは皆、ずいぶん幼いころに小さな家の絵を描き始めました。これは最初の自己描写です。その後、成長するにつれて小さな家は複雑になり、もう描けなくなりました。わたしたちは一軒の家のようです。家には、とても居心地の良い開放的な場所があれば、誰も入ってはいけない閉まった部屋があります。思い出が詰まった貯蔵室には、あまり使わないもの、または身の回りに持っていたくないものを置いています。でも、天を眺めることのできるテラスやバルコニーもあります。

要するに、この家の中で、わたしたちは一人でいること、他者を迎え入れること、または……他者を閉じ込めておくことを、決められるのです！ かかわり方の多く、愛の多くは、実にこのどちらかが働きます。つまり、自分の家に誰かを迎え入れることもできれば、あるいは捕らえておくこともできます。人が出て行きたいときに自由に行かせることもできるし、捕らえた人を引き留めておこうとする思い違いをした主人にもなれるのです。

旧約聖書の中で、ダビデは神のために家を建てたいと思いましたが、神こそが彼に家系を、つまり子孫を与えることになるのです。わたしたちのことばづかいには失われてきていますが、長い間、「家」ということばには、家族、自分の属するグループ、血筋という意味もありました。実際ルカも、ヨセフはダビデ家であったと言っています。その家は、神がダビデのために建て続けておられるのです。

しかし、今回の聖書の箇所には、もう一つのあまり目立たない家、神がそこに行って住もうとされる家があります。神はマリアに、ご自分のための家であるように願われるのです。

ダビデが神を家の中に閉じ込めようとしたのに対し（でも、神は閉じ込められることを拒まれます）、マリアは神を迎えます。マリアは受け入れる乙女です。ダビデは所有しようとして侵害します。マリアは他者のために自身を差し出す愛のイメージであり、ダビデは他者を乗っ取ろうとする邪悪のイメージです。

ダビデは神のために家を造ろうとし、マリアは自らを神に建てていただきます。ダビデは自分の確信、考え方、伝統の中に神を閉じ込めようとする人であり、マリアは神が訪れ、意表を突くのを受け入れる人類です。

神は実際、わたしたちのいちばん貧しく、思いも寄らないところに来られます。ガリラヤに来られます。つまり存在の周縁、わたしたちが見捨てられたと感じ、途方に暮れ、アイデンティティーがないと感じるところに、神は来られるのです。ガリラヤは辺境の地でした。そこでは、祭礼もあいまいで、表面的に行われていたのです。また、神はナザレに来られます。つまり、わたしたちの内面のあまり知られていないところ、取るに足りないと思えるところ、良いものが出るとは思えない生活の場に、神は来られるのです。

そして、愛だけはナザレで命を生むことができ、愛だけは人生の中で失われ、失敗したと思えるところに、尊厳を取り戻すことができます。愛する者のまなざしだけが、ナザレで何か美しいものを見つけることができるのです。

神は、エリサベトのところに来られたように、わたしの不毛の中に来られます。エリサベトは希望のない人類を表しています。この人類にとっても、六か月目があります。創造の物語の中で、六日目は、神が人を創造される日です。今日という日は、再び訪れる六日目、神がマリアの胎内で新しい人を創造される日です。

そうです、マリアにおいて、神は人類のところに来られます。これは驚異的な新しさです。それまでに知られていた宗教では、人間が神に到達するよう、神に至るまで自己を高めるよう、神を探すよう、努めなければならなかったからです。初めて人を探す神、人類を探す神がおられます。わたしたちに家を求める神、客となられる神です。天使がマリアのもとを去ったときにも、神、みことばは、そこに、人類の家にとどまり続け、もう一度迎え入れてほしいと願うために、この人類の心を日々たたき続けておられます。

聖書の箇所をよく読めば、あなたの人生の柱となることばは、もう恐れではあり得ず、喜びだと気づくのです。そうです、この家はたくさんのひびが入り、たぶん土台はぐらつき、壁は白く塗らなければならないかも知れません。でも、誰かがあなたを訪ねて来たのですから、まずそれを喜びましょう。ドアをたたいている人を迎えるために、家中を整えてからと思ってはいけません。自分の限界に捕らわれるなら、たぶん決してドアを開けないでしょう。あなたが柱とすることばが恐れであるなら、決して喜ぶようにはなれないでしょう。

《自己の内面に向き合うために》

＊あなたの小さな家は、どんな状態ですか？

＊家の中をよくチェックしてください。どこかに捕らわれ人がいますか？　ドアは警備されていますか、自由に出ることができますか？

3 都合のいいときにだけわたしを探さないで

交わりの中で試練に遭わない愛はない。交わりが決定的に絶たれるなら、そこで愛は終わる。その愛は、惑わしの幻想に過ぎなかったからだ。

†K・ヤスパース

ルカによる福音　1・39～45

そのころ、マリアは出かけて、急いで山里に向かい、ユダの町に行った。そして、ザカリアの家に入ってエリサベトに挨拶した。マリアの挨拶をエリサベトが聞いたとき、その胎内の子がおどった。エリサベトは聖霊に満たされて、声高らかに言った。「あなたは女の中で祝福された方です。胎内のお子さまも祝福されています。わたしの主のお母さまがわたしのところに来てくださるとは、どういうわけでしょう。あなたの挨拶のお声をわたしが耳にしたとき、胎内の子は喜んでおどりました。主がおっしゃったことは必ず実現すると信じた方は、なんと幸いでしょう。」

孤独の悲しさが分かるのは、人生ですばらしいことが起きても、それを分かち合う人が誰もいないときです。

わたしたちが誰かを探すのは、たいがい愚痴をこぼすときです。大変さを少し分かってもらうまで、その人を椅子にくぎづけにしたり、電話に引き留めたりします。

でも、ずっと難しいのは、喜びを分かち合える誰かを見つけることです。厄《やく》よけということもあり――他の人に自分が幸せだと知らせるのは、決してうまくありません――、また、幸せに当惑してしまい、恥じらいを感じながら幸せを生きるほうがいいからかも知れません。それに、日常の中で起きる大事なことや些細なことを、思いつきで話すのでなく、深いかたちで分かち合う誰かを見つけるのが難しいからでもあります。

しかし、このルカ福音書の箇所が教えるように、分かってもらえたと感じられる誰か、神がどのようにこの人生を通っておられるかに気づくために、個人的な歴史をいっしょに読んでくれる誰かがいることほど、深い体験はありません。

その他者を探すためには、立ち上がり、労を惜しまず、旅に出なければなりません。マリアは、望みに導かれる女性です。真の望みは、恐れに打ち勝ちます。

マリアは、隔たりという山、目的を見るのを妨げる障害を越えます。おそらくマリアは知人のキャラバンといっしょに旅をしたのでしょうが、聖書にはマリア一人が記されています。わたしたちにしかできない旅があるのです。

聖書どおりに読むと、マリアは、ユダヤに行くためにサマリアを通る不確かな道で、一人で描かれています。マリアは、喜びを分かち合うために、誰彼かまわず探しません。分かってくれる人、自分と同じような体験を生きている女性、エリサベトを探します。

エリサベトは不毛の人類、もう子どもを産めないと自覚した希望のない人類です。神は遠くに行ってしまった、という考えに惑わされた人類です。夫ザカリアまでが、神殿で聖なるものに触れる時があっても、彼らの人生で神がみわざを果たすことがおできになるとは、もう信じていません。エリサベトはひそかに希望し続けたのかも知れません。おそらく彼女も、まだ抱いていたかすかな望みを誰とも分かち合えない孤独を味わったのでしょう。

まさに、この不毛で希望のない人類に、マリアはキリストをもたらすのです。

マリアは教会の顔です。教会は望みにかられて、労を惜しまず、この人類のもとに行くために旅に出るよう呼ばれているのです。

「神は誓いである」という意味の名を持つエリサベトは、神が果たすことになっている約束の相手、個々の男女の姿です。

エリサベトは識別する女性でもあり、自己の内側で動くもの、感情に耳を傾けることができる人です。どんな意味だろうかという根本的な問いを、自らに向けます。「わたしの主のお母さまがわたしのところに来てくださるとは、どういうわけでしょう」（1・43）。さらにエリサベトは、感受性に耳を傾けるだけでなく、感じていることはどういう意味だろうと、意味を問います。

他者と出会うことで、現実と出会うことにもなります。エリサベトは、マリアが自分に起こったことを確認する最初の人です。対話をとおして、神が本当にわたしたちの歴史を通っておられるという確証が得られます。

ふだんわたしたちは、歴史をもっと別のかたちで読むのに慣れています。偉大な人、有名な人物から成る歴史に慣れているのです。ルカは、素朴な二人の女性を中心に置き、革新的に歴史を書き改めています。その一人はマリアで、名もない村の女性です。実にこれこそ、神が歴史を織りなされる方法です。

このマリアの旅は、わたしたち皆に影響を及ぼします。エバによって取り去られた喜びが、マリアの内に再び与えられたからです。誰もこの約束から除外される人はいません。前もってわたしたちを一つに結ぶ絆があります。救われるという同じ運命に確かに結ばれた、わたしたち同士の絆です。他者はいつでも、わたしといっしょに救われる人であり、わたしの救われる定めがその人の内に見てとれます。先立ってすでにあり、わたしたちが選んだわけではないこの絆こそ、人生のすばらしさを分かち合うために他者を探せる土台となるのです。

《自己の内面に向き合うために》

＊生活の中で、深い分かち合いをする場がありますか？

＊成果が見えない不毛のときに神があなたを訪れてくださることをどう思いますか？

4 わたしの見ているものが見えますか？

主に逆らう者が横暴を極め野生の木のようによくはびこるのをわたしは見た。

†詩編37

ルカによる福音　1・46〜56

そこで、マリアは言った。
「わたしの魂は主をあがめ、
わたしの霊は救い主である神を喜びたたえます。
身分の低い、この主のはしためにも
目を留めてくださったからです。
今から後、いつの世の人も
わたしを幸いな者と言うでしょう、
力ある方が、

わたしに偉大なことをなさいましたから。
その御名は尊く、
その憐れみは代々に限りなく、
主を畏れる者に及びます。
主はその腕で力を振るい、
思い上がる者を打ち散らし、
権力ある者をその座から引き降ろし、
身分の低い者を高く上げ、
飢えた人を良い物で満たし、
富める者を空腹のまま追い返されます。
その僕イスラエルを受け入れて、
憐れみをお忘れになりません、
わたしたちの先祖におっしゃったとおり、
アブラハムとその子孫に対してとこしえに。」
マリアは、三か月ほどエリサベトのところに滞在してから、自分の家に帰った。

周りを眺めると、時々けなしたくなること、幻滅にかられることがあります。周りを眺めれば、権力の集団があり、最強の者の利害に出くわし、政治家はいつも同じ顔をしています。でも、生活上の平凡極まりない力関係の中でさえ、いつでも、いちばんふさわしくないけれどひと一倍抜け目のない者が勝つように見えます。

歴史の中で神が働いておられるのを垣間見ることのできるまなざしを持つのは、難しいことです。反対に、しばしば神は不在であるように思え、神がわたしたちのことを忘れられたような印象を受け、見捨てられたように感じます。詩編は、神に逆らう者が栄える姿をたびたび記しています。

わたしたちには、マリアがエリサベトとの出会いの中で発したことばは、現実離れしているように聞こえます。マリアは、権力ある者がその座から引き降ろされるのを見、身分の低い者が高く上げられるのを見、富める者が空腹のまま追い返されるのを見ています。どこで、この全部が見えるのですか、とマリアに尋ねたくなるのではないでしょうか。わたしたちの目には、現実は違って見えます。

おそらくマリアのまなざしは、無邪気とは違うのでしょう。そうではなく、マリアは神の見方で物事を見ることができるのです。マリアの歌は、旧約聖書の複数の節を組み合わせたもので、ルカがマリアの口にのぼらせました。マリアが神のことばをずっと大事に読み続けてきたため、たいていわたしたちが見逃している物事の本当の意味を、マリアが見いだすことができたと言っているかのようです。

本当の歴史とは、どの歴史なのでしょうか。ルカは歴史家として、要人の文献や調査、皇帝を離れて、本当に歴史をつくる二人の素朴な女性に光を当てます。偉人が歴史を動かすという印象がありますが、マリアとエリサベトは、本当に世界の運命をその手中にしておられる方が分かるのです。

さらに、このうえなく謙遜なマリアが、自分の中で神が偉大なことをなさったと認めているのは奇妙に思えます。謙遜とは、長所がないふりをしなければいけないと考えがちです。しかし本当の謙遜は、いただいた賜物《たまもの》を認める力です。そこから見えてくるのは、賜物だということ、それゆえわたしたちの成し遂げた結果ではないということばかりではありません。賜物は贈り主へと向き直らせる、ということも見えてくるのです。自分自身を正直に見つめるとき、いつも創造主への賛美となって結ばれます。自分に宿る賜物を、距離を置いて認められるとき、わたしたちは謙遜になるでしょう。

仕えるため、また喜びを分かち合うためにエリサベトのもとに赴いたように、今マリアは、家に帰るところです。マリアは三か月ほど、つまり必要な期間、エリサベトのところに滞在したとルカは言っています。それより多くも少なくもなく、十分な期間です。これは謙遜な奉仕の姿、自分をひけらかすために利用する奉仕でなく、他者の善を第一にすることのできる奉仕の姿です。

《自己の内面に向き合うために》

＊自分の内に、どのような賜物、どのような資質があると認めていますか？

＊他者への奉仕に、何を求めていますか？

5 わたしにも未来があるだろうか

わたしの魂よ、主をたたえよ。わたしの内にあるものはこぞって聖なる御名をたたえよ。
†詩編103

ルカによる福音　1・57〜60、62〜63、67〜80

さて、月が満ちて、エリサベトは男の子を産んだ。近所の人々や親類は、主がエリサベトを大いに慈しまれたと聞いて喜び合った。

八日目に、その子に割礼を施すために来た人々は、父の名を取ってザカリアと名付けようとした。ところが、母は、「いいえ、名はヨハネとしなければなりません」と言った。（……）［人々は］父親に、「この子に何と名を付けたいか」と手振りで尋ねた。父親は字を書く板を出させて、「この子の名はヨハネ」と書いたので、人々は皆驚いた。（……）

父ザカリアは聖霊に満たされ、こう預言した。

「ほめたたえよ、イスラエルの神である主を。
主はその民を訪れて解放し、
我らのために救いの角を、
僕ダビデの家から起こされた。
昔から聖なる預言者たちの口を通して
語られたとおりに。
それは、我らの敵、
すべて我らを憎む者の手からの救い。
主は我らの先祖を憐れみ、
その聖なる契約を覚えていてくださる。
これは我らの父アブラハムに立てられた誓い。
こうして我らは、
敵の手から救われ、
恐れなく主に仕える、
生涯、主の御前に清く正しく。

幼子よ、お前はいと高き方の預言者と呼ばれる。
主に先立って行き、その道を整え、
主の民に罪の赦しによる救いを
知らせるからである。
これは我らの神の憐れみの心による。
この憐れみによって、
高い所からあけぼのの光が我らを訪れ、
暗闇と死の陰に座している者たちを照らし、
我らの歩みを平和の道に導く。」
幼子は身も心も健やかに育ち、イスラエルの人々の前に現れるまで荒れ野にいた。

四旬節には、わたしはなるべく友人の教区司祭を手伝うように心がけ、家庭の祝福をしています。とてもすばらしい体験で、傷つき疲れていることの多い大勢の中に入っていく助けとなります。家に入り、お年寄りや若いお母さん、病人や一人暮らしの人と出会います。わずかな希望をもたらし、いっしょに祈ります。

その人たちは時おり、とても謙虚に、家が片付いていないことを詫《わ》びるのですが、わたしには、神の訪れの意味を理解するために、その家はいちばんふさわしい場所に思えます。このささやかな任務を果たしながら、侮辱や拒否を体験することもあります。一度は、一人の男性が家の戸口で待ちかまえていて、わたしたちの行っている行為は、聖書のどこに基づいているのかと、挑発的な様子で尋ねました。

これはわたしには、自分たちの生活をとおしてどのように感謝の思いがほとばしり出ていたかを振り返る招きとなりました。わたしたちはすぐに愚痴を言ったり、裁いたりしがちですが、一日のうちで、絶え間なくいただいている数々の賜物に感謝する時間を取ることはなかなかしません。

旧約聖書には、たびたび祝福／賛美（原文 benedizione）の祈りが見られます。神は賛美される方です！　過ぎ越しの夕食は、とりわけエジプトからの解放の恵みのために神を賛美するひとつの機会でした。イエス自身、一軒一軒に平和をもたらすために、弟子たちを遣わします。「シャローム（訳注　ヘブライ語で「平和」の意）」は、最も大きな祝福、あらゆる恵みが満ち満ちている平和です。「あなたがたに平和があるように」（ルカ24・36）と言われたように、復活されたキリストからの最初の賜物です。

信じなかったザカリア、沈黙のままでいたザカリアにとっても、賛美の時が訪れます。彼のように、わたしたちも、人生の中で神がすでに果たしておられるみわざに気づかないことがあります。神のことばがエルサレムの神殿にいる祭司にも、ナザレの少女にも告げられたように、賛美の時は、マリアばかりでなくザカリアにも訪れます。これは言わば、どのような人生の状況になり得るとしても、いつも主を賛美する理由があるということです。

ザカリアの賛美は、記憶と預言から成っています。彼は、神がご自分の民のためにどれほどのみわざをなさったかを思い起こします。神の働きは、それと見て取れないときにも続いています。主は、その民の歩みを、一歩一歩同伴されるのです。そしてこの歩みを思い起こしながら、ザカリアは目を上げ、神の見方で現実を見ることができました。

一人の幼子は、未来のしるしです。ザカリアとエリサベトに子どもがなかったのは、ある意味で未来がなかったということです。将来の展望が見えないわたしたちの状況、すべてが終わり、閉ざされたように思える状況を、このことのなかに見て取ることができます。今、ザカリアは、神が彼を忘れておられなかったと認めます。

ザカリアは祭司であり、祭礼をとり行い続けたにもかかわらず、このことは神に希望を置くことに結びついていなかったようです。信仰を実践しながら、希望をもたないことがあり得ます。

神のわざがはっきり見てとれなくとも、神がわたしたちのために働いておられると認めるとき、わたしたちの人生も祝福となるのです。

《自己の内面に向き合うために》

＊一日のなかで、いただいた恵みに感謝する時間がありますか？

＊今日、あなたの人生のどこに将来の希望を見ていますか？

6 手のかかる赤ん坊となって

キリストよ、わたしたちはあなたに何をおささげしましょう。生けるあらゆる被造物は、あなたに感謝をささげます。天使たちは歌をささげます。天は星を、地は洞窟を、荒れ地は飼い葉おけを。わたしたちは、乙女である御母を。

†ビザンチン典礼の降誕祭の賛歌

ルカによる福音　2・1～20

そのころ、皇帝アウグストゥスから全領土の住民に、登録をせよとの勅令が出た。これは、キリニウスがシリア州の総督であったときに行われた最初の住民登録である。人々は皆、登録するためにおのおの自分の町へ旅立った。ヨセフもダビデの家に属し、その血筋であったので、ガリラヤの町ナザレから、ユダヤのベツレヘムというダビデの町へ上って行った。身ごもっていた、いいなずけのマリアと一緒に登録するためである。ところが、彼らがベツレヘムにいるうちに、マリアは月が満ちて、初めての子を産み、布にくるんで飼い葉桶に寝かせた。宿屋には彼らの泊まる場所がなかったからである。

その地方で羊飼いたちが野宿をしながら、夜通し羊の群れの番をしていた。すると、主の天使が近づき、主の栄光が周りを照らしたので、彼らは非常に恐れた。天使は言った。「恐れるな。わたしは、民全体に与えられる大きな喜びを告げる。今日ダビデの町で、あなたがたのために救い主がお生まれになった。この方こそ主メシアである。あなたがたは、布にくるまって飼い葉桶の中に寝ている乳飲み子を見つけるであろう。これがあなたがたへのしるしである。」すると、突然、この天使に天の大軍が加わり、神を賛美して言った。

「いと高きところには栄光、神にあれ、
地には平和、御心に適う人にあれ。」

天使たちが離れて天に去ったとき、羊飼いたちは、「さあ、ベツレヘムへ行こう。主が知らせてくださったその出来事を見ようではないか」と話し合った。そして急いで行って、マリアとヨセフ、また飼い葉桶に寝かせてある乳飲み子を探し当てた。その光景を見て、羊飼いたちは、この幼子について天使が話してくれたことを人々に知らせた。聞いた者は皆、羊飼いたちの話を不思議に思った。しかし、マリアはこれらの出来事をすべて心に納めて、思い巡らしていた。羊飼いたちは、見聞きしたことがすべて天使の話したとおりだったので、神をあがめ、賛美しながら帰って行った。

わたしは、時に立ち止まって、出会った人たち、傾聴した話、打ち明けられた事柄、たまたま耳にした話に……思いを馳《は》せることがあります。それらはわたしの人生に何を語っているのでしょうか。神がおられた形跡がたやすく認められるときもあり、なかなか難しいときもあります。自分を守るために忘れようとすることがあり、喜んで思い出すことがあります。また、痛みとともに思い出すこともあります。

羊飼いたちにも、同じようなことが起こったのだと思います。彼らなりの暮らし、仕事をしていたある夜、群れの番をしながら、少し退屈し、それぞれの思いにふけってみたり、明日の心配に思いを馳せたりしていたのかも知れません。

羊飼いたちは、古代世界、特にイスラエルでは、実際にはあまり尊敬されていませんでした。動物を扱い、汚れた者と見なされていました。罪びとと見なされていたのは、長い期間、動物といっしょに孤立した生活をしていたので、動物と性的関係を持っていると考えられていたからです。ですから、イエスの誕生が最初に彼らに告げられたのは、もっともなことかも知れません。彼らはいちばん遠くにいる人たち、宗教上の勤めを果たさない人たち、最も貧しく、最も疎外され、最も排除された人たちなのです。

一方で、今日わたしたちが福音を告知しようというときには、別のカテゴリーの人たちを考えているという印象があります。わたしたちの霊的な集いは別の環境で行われていて、宗教上の義務を果たしている人たち、要するに、わりあい良い暮らしをしている人たち、社会のネットワークに加わっている人たちと出会っているのです。

この落差は、疑問を投げかけます。わたしは誰に向かって福音を告知しているのか。あわれみ深い神、いつもゆるそうとしている神がおられることを、誰に告げようと心を砕いているのか、と考えさせられます。

この羊飼いたちは、ナザレの一家族の境遇と接点を持つことになり、その家族の出来事に無関心ではいられませんでした。自分たちの罪、社会との隔たり、無学にもかかわらず、その出来事は羊飼いたちの心を打ちました。感動し、喜びで満たされました。ほんのわずかかも知れませんが、彼らの一日の残された時を変えました。

ここでもわたしは、福音との出会いによって、少なくとも一日の残りの時間が変えられているだろうかと自問します。どれだけ、福音が心に触れるようにしているだろうかと問います。

羊飼いたちは、出産したばかりのお母さんの前に居合わせるという、どこにでもある出来事のなかに神を見るように招かれました。そしてこのことが、彼らに、神について語ったのです！　ここで自分自身を振り返ってみるとき、今日、何かまだ、神についてわたしに語ってくるものがあるでしょうか？　神がわたしのためになさる小さな事柄のすばらしさを目の当たりにして、まだ驚けるでしょうか、意表を突かれるでしょうか？

マリアも、「心に納めて、思い巡らしていた」（2・19）とあるように、起こった出来事の意味を理解しようとします。本当にたくさんのことが彼女に起こりました。今は、それらのことを記憶するように、無駄にしないようにします。気づいたこと、神との出会いを、心に留めようとします。それどころか、ずっとこれらの意味を探しています。思いめぐらし、識別し、分かろうとします。あるいは、ただ神の存在を感じようとしているのかも知れません。

確かにもっと後になってから、マリアは、その胎が全人類の生まれ変わる新しい園となったことを理解するようになるのです。

しばらく前に、わたしは、赤ん坊のいる友人夫婦といっしょに数日を過ごす機会に恵まれました。その経験から、幼子としてご自身を現された神とかかわることは、何かとても手のかかることだと考えたくなります。赤ん坊はお母さんに全面的に依存しているのです。神が赤ん坊のようにわたしの前に身を置かれると考えると、動揺します。神は、わたしにご自身を渡され、手の中に身を置かれます。ご自分を、その将来を、その生涯を世話するように願われます。わたしは赤ん坊の前で安心してはいられず、むしろ忙しく感じます。そのとおり、神はわたしを安心させようとしておられるとは思えません。多くの場合、悩みの種であろうとしておられます。

一人の赤ん坊のように神は弱く、わたしに命じません。時々、神は「幼子」（イタリア語の文字どおりの意味は「話さない人」）です。受難においても、ピラトの面前で、神は「幼子」であり、話しません。神は弱く、殺されるままになるまでご自身を渡されます。東方教会のイコンで、幼子イエスが、死者を巻くような細長い布にくるまれて描かれ、石棺である飼い葉桶に置かれているのは偶然ではありません。神は弱く、わたしにその泣き声を聞き、それと認め、泣き声の答えを探すように願われます。神は、泣いてわたしを探す弱い人類です。
赤ん坊を目の前にして、わたしはその将来を心配します。時に、両親が子どもの将来を作り上げようとすることがあります。そしてわたしたちは、神にまで将来を押しつけようとすることがあります。しかし、子どもたちの場合も、神の場合も、その生はわたしたちからすり抜けていきます。わたしたちは、赤ん坊に対するように、神が成長し、話し、生きるように助けることができますが、その生き方を決めることはできません。わたしたちの間にある神の命は、成長する子どもの命のように、意表を突くものです。

今、改めて、神に幼子のような面があることを受け止める勇気をもって、違った目で馬小屋を見つめることができるでしょう。

《自己の内面に向き合うために》

＊あなたの腕に幼子イエスを抱くことを想像してみてください。どんな感じがしますか？

＊彼に何を言いますか？　どうやっていっしょに遊びますか？

7 心に納めて生きる

だんなさま、畑には良い種をお蒔きになったではありませんか。
†マタイ13・27

ルカによる福音　2・21〜24、33〜35、41〜43、46、51〜52

八日たって割礼の日を迎えたとき、幼子はイエスと名付けられた。これは、胎内に宿る前に天使から示された名である。

さて、モーセの律法に定められた彼らの清めの期間が過ぎたとき、両親はその子を主に献げるため、エルサレムに連れて行った。それは主の律法に、「初めて生まれる男子は皆、主のために聖別される」と書いてあるからである。また、主の律法に言われているとおりに、山鳩一つがいか、家鳩の雛二羽をいけにえとして献げるためであった。（……）

父と母は、幼子についてこのように言われたことに驚いていた。シメオンは彼らを祝福し、母親のマリアに言った。「御覧なさい。この子は、イスラエルの多くの人を倒したり立ち上がらせたりするためにと定められ、また、反対を受けるしるしとして定められています。――あなた自身も剣で心を刺し貫かれます――多くの人の心にある思いがあらわにされるためです。」（……）

さて、両親は過越祭には毎年エルサレムへ旅をした。イエスが十二歳になったときも、両親は祭りの慣習に従って都に上った。祭りの期間が終わって帰路についたとき、少年イエスはエルサレムに残っておられたが、両親はそれに気づかなかった。（……）三日の後、イエスが神殿の境内で学者たちの真ん中に座り、話を聞いたり質問したりしておられるのを見つけた。（……）

それから、イエスは一緒に下って行き、ナザレに帰り、両親に仕えてお暮らしになった。母はこれらのことをすべて心に納めていた。イエスは知恵が増し、背丈も伸び、神と人とに愛された。

わたしたちは何を心に納めているでしょうか？　往々にして、人生はただ過ぎ去っていきます。次々といろいろな経験をします。挫折は大きくなります。それにもかかわらず、心は、物事の意味を見いだす場なのです。聖書の人間学においては、心はすべてが流れ込む人格の中心です。たびたび、最高にすばらしい思い出さえ何の味わいも残さずに消え去るほど、わたしたちは人生を早足で歩んでいます。

福音は、マリアを芯のしっかりした女性として描いています。人生のさまざまな面を失うことなくすべていっしょに保って、神がその意味を分からせてくださることを待ちながら、統合することのできる女性です。わたしたちの場合、時々、意味が抜け落ちていきます。急いだために、ジグソーパズルのピースが失われるのを放っておいたからです。

わたしは、ルカによる福音書2章には、マリアがいつの日か、最もすばらしい富として御子に渡すために、自身の心の内に書いたある種の日記が含まれている、と考えるのが好きです。「これらのことをすべて心に納めていた」というルカの表現は、最初（2・19）と最後（2・51）にあり、お母さんが子どもの首に腕を回しているかのようです。大切な宝石箱のようです。その中には、マリアが心に納めていた思い出、体験、出来事が入っています。それらすべての事柄、十字架のもとで初めて意味を見いだした生涯が入っています。わたしたちにすべてのことの意味が分かるのは、最後になってからなのです。マリアは、意味が理解できないときにも放り出さず、息子に渡すよう求められた富のように、忠実に心に納めて、その中で生きていく勇気を持っていました。

マリアは識別する女性です。覚えていること、心に納めること、記憶する行為は、神がどこに導いておられるかを識別しようとする人の避けて通れない最初の一歩です。マリアは識別する必要のある素材を集め、保ちます。感情の高ぶりに流されないために、感情に動かされて望まないところへ行き着くのを避けるために、忍耐が必要です。強烈で驚くべき出来事を目の当たりにしたマリアを通り抜けていった、強い感情や気持ちの旋風を、わたしたちは想像するしかありません。それでも、マリアは待ちます。すぐに分かろうと、または決めようとしません。毒麦を抜き去らず、よい麦といっしょに育つのを待つ女性です。やがて刈り入れの時が訪れるでしょう。

マリアは、判断することなく受け入れます。人生にはたびたび避けて通りたい出来事があるものですが、マリアは決めつけずに受け入れます。また、人生には苦しみや痛みを伴う出来事も起こりますが、マリアは苦しみや痛みを、その他すべてのことと合わせることができます。やがて、個々の出来事にとらわれず、人生全体から細部を取り去ることなしに、マリアが一切を眺められる時が来るでしょう。

この宝石箱の中、この貴重な日記の中にこそ、イエスは進むべき道を読み、見いだすことができたのです。すでに母の人生の中に、イエスは素朴であることの美しさを見ています。それは、自分自身の奉献として山鳩一つがいか、家鳩の雛二羽をささげたことです。これは貧しい人々のささげものです。マリアとヨセフは、雄羊一匹を持って行くことができませんでした。彼らにとって、豊かさは別のところにあります。人はどんなに所有できても、いずれはそれを返すように呼ばれます。マリアはイエスに、身を引くこと、問題にしないこと、持っていると思うものに執着しないことを教えました。このために、イエスは「失う」という動詞が気に入っていたのかも知れません。「わたしのため、また福音のために命を失う者は」（マルコ8・35）とあります。金持ちの男が永遠の命を得るためにイエスのもとに来ると、イエスは持っているものを売るようにと招きます。わたしたちを重たくしているものを脱ぎ捨てることによってだけ、本質的なものを見つけられるのです。

余計なものの重圧がわたしたちを押しつぶし、人生は骨の折れるものとなります。ところが軽いくびき、人生の畝《うね》をたやすく作ることのできる、元気になるかかわりがあります。ですから、時に、人生で何が本当に本質的なものかと問うことは、役に立つでしょう。わたしたちは貧しい者になるのでなく、すでに貧しい者です。錯覚したところで、自分のものは何もないからです。また、いついかなる時でも、持っているものを失うことがあり得ます。大事な人たち、自分の体、役割、理性……。自分を貧しいと認めることは、幻想に陥らずに、現実をしっかりと見つめることです。

マリアは、初めから、息子と別れる用意ができていました。シメオンに「あなた自身も剣で心を刺し貫かれます」と予告された剣は、別離という剣、息子との間にますます大きくなっていく隔たりです。理解できないという剣であり、息子がどこに行こうとしているかも分からずに息子を愛することです。驚かされながら、成長していく子どもを見る多くの母親の苦悩です。母親は、息子の人生設計をすることはできません。ある時には、まさしく息子の自由さが母親の苦しみとなるでしょう。

この別離の訓練のなかで、イエスは貞潔の価値を学びました。他者への愛ゆえに、その人を自分のものとしないため、その人が生きるために、距離をとることのできる力です。マリアは、苦悩を抱えて生きるように呼ばれます。自分の思い描いた場にはいない息子を捜す母の苦悩です。貞潔は、他者の求めに応じて立ち止まることです。「どうしてわたしを捜したのですか」（ルカ2・49）。貞潔は、自分の心がどこにあるかを知っていることです。そこに自分の宝があるからです。選ばなかった方向に心が向かうとき、もう貞潔ではありません。貞潔とは、いろいろな感情がそれぞれの場におさまり、心に秩序をもたせることです。この理由からも、一つひとつの事柄をどこに置くか決めるために、心に納めることが必要です。心の中が混乱し雑然としているとき、貞潔であり得ません。愛が、他者を所有する口実になるとき、もう貞潔ではありません。

マリアはイエスに、十字架を担うことを教えました。現にマリアは、人生に従順することのできた最初の人です。日々自分の十字架を背負うとは、ふりかかる災難に耐えることではなく、日々福音を受け入れて生きる労苦を、行動の基準とすることです。

この福音の箇所で、ルカは何度も、マリアとヨセフがいかに律法に従っているかを強調しています。マリアとヨセフにとってさらに基準となるのは、イエスが律法を廃止するのでなく、真の法は十字架であると教えてくれることです。十字架は、わたしたちを卑しめるのでなく、わたしたちを守る法です。この意味で、人生は従順であるのです。イエスが「多くの苦しみを通して従順を学ばれ」た（ヘブ5・8）のは偶然ではありません。しかしそれ以前に、イエスは従順を学んでいました。母の内に、人生に従順する女性のモデルを見ていたからです。このため、真の革新は十字架を背負うことです。いちばん大変な労苦は、十字架を基準として身に負うことだからです。

今日、わたしの足をどこに運ぶのでしょうか。イエスが足を運んだところです。これは、十字架の道理に従おうとするキリスト者の問いです。苦しみの道理ではなく、人生で痛みも通らなければならないときに逃げない勇気です。このようにしてこそ、キリスト者は弟子になり、律法学者であるだけにとどまりません。律法学者は律法を知っていますが、人生のなかで起こってくる新しい状況に直面するときに、それを適用できません。律法学者は、自分の倉から古い物と新しい物とを取り出すことのできるとき（マタ13・52参照）、つまり人生の新しい状況において何をすべきか理解するために福音を用いることができるとき、弟子となるのです。

《自己の内面に向き合うために》

＊今日、心の中を見つめたら、何が見つかるでしょうか？

＊今日、何から離れるように呼ばれていますか？

8 神はどこに行ってしまわれたのか

歩けないところで歩きなさい！　見えないところで見つめなさい！　何の音もせず、何も反響しないところで耳を傾けなさい。神が語られるところでは、このようだから。

†アンゲルス・ジレジウス

ルカによる福音　3・1～6

皇帝ティベリウスの治世の第十五年、ポンティオ・ピラトがユダヤの総督、ヘロデがガリラヤの領主、その兄弟フィリポがイトラヤとトラコン地方の領主、リサニアがアビレネの領主、アンナスとカイアファが大祭司であったとき、神の言葉が荒れ野でザカリアの子ヨハネに臨んだ。ヨハネはヨルダン川沿いの地方一帯に行って、罪の赦しを得させるために悔い改めの洗礼（バプテスマ）を宣べ伝えた。これは、預言者イザヤの言葉の書に書いてあるとおりである。

「荒れ野で叫ぶ者の声がする。

『主の道を備えよ
その道筋をまっすぐにせよ。
谷はすべて埋められ
山と丘はみな低くされる。
曲がった道はまっすぐに
でこぼこの道は平らになり
人は皆、神の救いを見る。』」

歴史の矛盾や権力の構図を目の当たりにして、また聖なる場所を覆うゴミのなかで（まるで長いこと誰もゴミ収集に来なかったかのように）、また他者が苦しむのを見たいがために犯し続けているおよそ卑劣な裏切りを目の当たりにして、あなたは当然、神はどこに行ってしまわれたのかと問うでしょう。わたしたちに愛想を尽かされたのでしょうか？

おそらくルカは、わたしたちと大差ない状況を目にしていたと思います。その時代の歴史的な読みから語り始めているのは、もっともなことかも知れません。しかしその読みは、見かけは冷静な歴史的データの背後に、深い批判的な見方を隠しています。ルカは現に、分裂した世界、権力の分布、ちっぽけな領地を確保するための恒久的な争いを描いています。

宗教的な権力まであいまいで、重複しているように記されています。ルカは、カイアファだけが本当の現職の大祭司だとよく承知していながら、アンナスとカイアファについて語ります。それは、アンナスはもう大祭司ではないものの、強い影響を及ぼし続けているとよく知っているからです。大祭司は一人ですが、ここでは二重であるように描かれています。宗教的な権力自体が、あいまいになっています。

具体的で、問題のある複雑な歴史の中でこそ、神は語られます。正確なある時点で、どのような時代の状況にもよく似た一つの実際の状況の中で、神は語られます。まるでルカは、わたしたちの時代、読者各自の具体的な時を、まずまずの時、恵まれた時、その中で神が語り得る時として見るように招きたいかのようです。

神は、あり得ないことばです。話す人洗礼者ヨハネは、口の利けない人の息子です。声は、声を持たない人から来ます。ヨハネの父ザカリアからことばが取り上げられました。神は、ザカリアからことばを取り上げたように、今、息子ヨハネにことばを与えられます。

それゆえ洗礼者ヨハネが話すとすれば、父親が話すことを教えたからではなく、神がヨハネの中でことばとなられるからです。ヨハネは声です。神の思いをことばに変える音声です。

しかし、このことばを聴くには、権力の場にとどまることはできません。そこでは神は語られません。ことばは追い払われ、拒否され、突き返されます。ヨハネは、エルサレムや神殿でなく、荒れ野で語ります。権力の場、人の活動の場である都市ではなく、不毛な土地、神が再び創造したいと望まれる創世記の「アダマ（土）」で語るのです。

神は、荒れ野が再び花を咲かせるところで語られます。荒れ野はイスラエルの民が歩いた場所、イスラエルの民が独りぼっちと感じ、危険にさらされ、見捨てられたと感じたところです。しかし、荒れ野は神がご自身を啓示された場所、イスラエルの民が神を知ることを覚え、神に信頼することを学んだ場所でもあります。荒れ野は神が語られた場、そして語り続けられる場です。

おそらく人生の荒れ野も、孤独の時、渇きの時であり、恐れが具体的なかたちをとる場なのでしょう。

ヨハネは、まるで新たな始まりのように、ヨルダン川沿いの地方から語り始めます。ヨルダン川は、実際、越えることのできない境界、約束の地に入るしるしとなった境でした。ヨルダン川に戻ることで、ヨハネは、あの始まりを新たにできること、約束の地に入り直せることを示唆しようとします。確かにその場所にイエスはやって来られ、新しい神の民を迎えて、永遠の命である新しい約束の地に導き入れるのです。

イスラエルの民が、歴史上、約束の地に向けて歩いたのなら、イスラエルの民が神に到達するための道を築いたのなら、捕囚の地を出て父祖の地に帰るために歩み始めたのなら、今は、神が人間に会いに来られるのです。

神に向かって歩いて行く外的な道を築くのではなく、神がわたしたちに出会いに来られるようにする内的な道を準備することが必要です。神こそがあなたを探しておられ、アダムがエデンの園を後にしたその日から、アダムを探しておられるのです。ですから、イザヤが語る道は、その上を歩く道ではなく、その道を通って神がわたしたちの内面に来られるようにする道です。

神があなたの心に来ることができるように、あなたの内側に道を備えなさい！

絶望と落胆の谷を埋めなさい。絶望や落胆によってこそ、神との間に距離を作ってしまうことがあるからです。

傲慢と高慢の山を低くしなさい。傲慢や高慢こそが、あなたのほうに来られる神を見えなくしていることがあるからです。

こんがらがり、弱り果て、くよくよ悩む、曲がりくねった考えを捨てなさい。このような考えこそが、神との出会いをややこしくするからです。

あなたには無理と思える小道をよく見つめなさい。おそらく、神はまさにそこを通って来ようとしておられるからです。

《自己の内面に向き合うために》

＊神がこの時代の中で語ることがおできになると、本当に信じていますか?

＊神があなたの生活に入って来られるために、どのような道路工事を始めますか?

9 今日わたしにできること

あなたたちは真理を知り、真理はあなたたちを自由にする。
†ヨハネ8・32

ルカによる福音　3・7〜20

ヨハネは、洗礼を授けてもらおうとして出て来た群衆に言った。「蝮の子らよ、差し迫った神の怒りを免れると、だれが教えたのか。悔い改めにふさわしい実を結べ。『我々の父はアブラハムだ』などという考えを起こすな。言っておくが、神はこんな石ころからでも、アブラハムの子たちを造り出すことがおできになる。斧は既に木の根元に置かれている。良い実を結ばない木はみな、切り倒されて火に投げ込まれる。」

そこで群衆は、「では、わたしたちはどうすればよいのですか」と尋ねた。ヨハネは、「下着を二枚持っている者は、一枚も持たない者に分けてやれ。食べ物を持っている者も同じようにせよ」と答えた。徴税人も洗礼を受けるために来て、「先生、わたしたちはどうすればよいのですか」と言った。ヨハネは、「規定以上のものは取り立てるな」と言った。兵士も、「このわたしたちはどうすればよいのですか」と尋ねた。ヨハネは、「だれからも金をゆすり取ったり、だまし取ったりするな。自分の給料で満足せよ」と言った。

民衆はメシアを待ち望んでいて、ヨハネについて、もしかしたら彼がメシアではないかと、皆心の中で考えていた。そこで、ヨハネは皆に向かって言った。「わたしはあなたたちに水で洗礼を授けるが、わたしよりも優れた方が来られる。わたしは、その方の履物のひもを解く値打ちもない。その方は、聖霊と火であなたたちに洗礼をお授けになる。そして、手に箕を持って、脱穀場を隅々まできれいにし、麦を集めて倉に入れ、殻を消えることのない火で焼き払われる。」

ヨハネは、ほかにもさまざまな勧めをして、民衆に福音を告げ知らせた。ところで、領主ヘロデは、自分の兄弟の妻ヘロディアとのことについて、また、自分の行ったあらゆる悪事について、ヨハネに責められたので、ヨハネを牢に閉じ込めた。こうしてヘロデは、それまでの悪事にもう一つの悪事を加えた。

「人生を主体的に生きなさい」。これが、このルカ福音書の箇所の見出しになり得るでしょう。そうでなければ、「今日、あなたの人生で何かできることがある！」となります。ルカ福音書3章で告げられているヨハネの説教は、自分はこうだ、こういう人間だ、こういう身の上だ、と決めつけることなく、今日、人生を主体的に生きるようにとの一貫した招きだと言えるでしょう。

ヘブライ社会で最も蔑まれていた職務に就く徴税人や兵士であっても、変わる可能性があります。わたしたちのスタートラインがどこであったとしても、変わることは可能です。イエスの解放のわざは、人生がもう決まっていて変わらないものと見てしまう内的妨げの解放から始まります。神学的な表現を使えば、「わたしには救いがない」と言うようなものです。

福音に描かれているイエスの出会いの多くには、はっきりと、人生を主体的に生きるように招く目的があります。いちばん象徴的なのは、ヨハネ福音書5章の、不思議な力で癒やされようとベトザタの池に入れてもらうのを待つ、麻痺した人への招きでしょう。治癒がかなうのは、今日変わるつもりがある、本当にそれを望んでいる、「わたしはいつもこうだった」と言い訳するのをやめようとしている場合です。

イエスのもたらすよい知らせの目的は、わたしたちが第一に男性、女性として成熟した者になること、人間的に成長することです。救いは受肉し、人間性をとおして実現します。この福音書の箇所は、さらに一歩進ませてくれます。人間性というもの、人間であることは、今度は分かち合い、連帯することをとおして、つまり孤立や自己に閉じこもることを乗り越えることで実現するのです。

かかわりにおいて成長するほど、人間になります。

ここで言うかかわりとは、煩わされるかかわり、時間をかけるかかわり、自分が問われるのもよしとするかかわりのことです。

誰かのために人生を費やす、そういう誰かをもつ以上にすばらしいことはない、とボンヘッファーは言います。

家族の関係は、この面で成長するための練習場です。家庭では、誰かがあなたからスペースを奪うことで、そのスペースを私的なものととらえないよう教えます。現に家庭で、自分のスペースを侵害する人に嫌気がさすという短絡的な反応が起こるとき、何かがうまくいっていないしるしです。私的なスペースが絶対的なものになるとき、断じて譲ろうとしないとき、そのときは、何かをあるべき状態に戻さなければならないということです。私的なスペースはあってよいのですが、それがかたくなで、固く閉ざされ、誰も寄せつけないものにならない限りにおいてです。

夫婦のかかわりは、閉ざす自己から出ることを学ぶための最高の訓練です。まさにこの訓練の欠けていることが、奉献生活において深い利己主義の危険をたびたび招いていると、わたしは強く思います。

ルカ福音書は、洗礼者ヨハネの姿をとおして、「人間性に成長することを学びなさい」とでも題せる洗礼のカテケジスを示しています。

ルカはたぶん、自分が属する共同体に向けて記しているのでしょう。共同体には、あらゆる人がいます。外国の政治権力と妥協し、住民を虐げるために自分の立場を乱用していた徴税人や兵士といった、最も忌まわしい階層の代表者さえもいました。彼らにも変わるチャンスがあります。わたしたちは、職務を超えたところにあるものを見るように、外面に隠れた人間らしさを見いだすように招かれます。神の目には、取り返しがつかないほど失われたものは決してないからです。自分の洗礼を思い起こすことは、自分に変わる可能性があることを思い出すことです。

洗礼によって変化が起こらなければなりませんが、どのように変わるかという問いは、自分の実存的な状況に基づくものです。ですから、まず自分の状態について、わたしは誰か、どのように生きているか、役割は何かということから、問うことを学ばなければなりません。自分が神に属する者であるということを、置かれている状況のなかでどのように表現できるかを考え始めるために、これらすべてを主のみ前で見つめる勇気がなければならないでしょう。

洗礼は、所属関係を意味します。わたしは神のものです。根本的に神の内にある者として生きたいと望んでいます。神のものであるだけでなく、神の内にいたいと望んでいます。洗礼を受けた者として、わたしは神に属していることが見える生き方をしているでしょうか？　神の香りを放っているでしょうか？　他者は、わたしの生き方に何を見ているでしょうか？

自分の洗礼を思い起こすとは、具体的な生活の中で、神に属する者であることをどのように表せるかを考えるようにとの招きです。

ルカ福音書が示すように、その答えはあいまいなものではあり得ず、自分がどういう者であるかという具体的なところから出てくるものです。

わたしたちが神に属することを具体的に表すかたちは置かれた状況によって異なるのですが、にもかかわらず一つの共通する要素があり、ルカはそれをはっきり表現しています。それは、回心の基準を示すのは、もう昔の律法ではなく、きょうだいの必要だということです。分かち合いは、自分の生き方に回心が見られるかを測る基準となります。

自己評価するためのテストはこれです。困っている多くの隣人を前にして、また、わたしに頼みごとをしたり、煩わせたりするきょうだいを前にして、ふだんどのように反応するでしょうか？　自分の安全や安心を守るという基準がいつも先行しますか？　心を動かされるとしても、最後はやはり自分自身のことを考えますか？　正義や連帯の問題について思いを凝らしたとしても、決して行動に移すことがないでしょうか？　あるいは、他者がわたしに願うとき、自分の安定した状態をどこか失う用意があるでしょうか？

わたしたちは水だけでなく、聖霊と火で洗礼を受けましたが、この賜物はどうなったでしょうか？　水は外面にあるものを洗いますが、聖霊と火は内側から燃えます。わたしたちの受けた洗礼はどうなったでしょうか？　表面が洗われただけでしょうか、内的な変容をもたらしたでしょうか?

《自己の内面に向き合うために》

＊他の人があなたの生き方を眺めるとき、何を見るでしょうか?

＊今日、あなたの生き方のどこを変えたらよいと思いますか?

10 神は遠くにおられない

神殿の垂れ幕が真ん中から裂けた。　†ルカ23・45

ルカによる福音　3・21～38

民衆が皆洗礼を受け、イエスも洗礼を受けて祈っておられると、天が開け、聖霊が鳩のように目に見える姿でイエスの上に降って来た。すると、「あなたはわたしの愛する子、わたしの心に適う者」という声が、天から聞こえた。

イエスが宣教を始められたときはおよそ三十歳であった。イエスはヨセフの子と思われていた。ヨセフはエリの子、それからさかのぼると、マタト、レビ、メルキ、ヤナイ、ヨセフ、マタティア、アモス、ナウム、エスリ、ナガイ、マハト、マタティア、セメイン、ヨセク、ヨダ、ヨハナン、レサ、ゼルバベル、シャルティエル、ネリ、メルキ、アディ、コサム、エルマダム、エル、ヨシュア、エリエゼル、ヨリム、マタト、レビ、シメオン、ユダ、ヨセフ、ヨナム、エリアキム、メレア、メンナ、マタタ、ナタン、ダビデ、エッサイ、オベド、ボアズ、サラ、ナフション、アミナダブ、アドミン、アルニ、ヘツロン、ペレツ、ユダ、ヤコブ、イサク、アブラハム、テラ、ナホル、セルグ、レウ、ペレグ、エベル、シェラ、カイナム、アルパクシャド、セム、ノア、レメク、メトシェラ、エノク、イエレド、マハラルエル、ケナン、エノシュ、セト、アダム。そして神に至る。

信仰が陥り得るとても有害な危険の一つに、信仰が歴史、人類、現実からかけ離れてしまうことがあります。受肉していない霊性、思考や教義、確信による霊性が伝えられ、またわたしたちも伝えることがあります。これも役立つには違いありませんが、そこに立脚することはできません。信仰は個人的なかかわりから始まり、このかかわりは身をもって生きられ、わたしたちの歴史を貫いていきます。ルカ福音書は、事実や事件、出来事を見つめながら、恵みの通っていく道筋を見分けるという方法に沿うよう助けてくれます。

イエスは民から離れたところにおられるのではなく、人々に近づき、かかわり、人々と同じ惨めさの内に身を置かれます。立脚点は人間性です。イエスもまたその人間性をとっておられるとき、祈られます。ルカがつねに特別な注意を払っている祈りは、イエスの御父との対話です。天を裂くほどの熱烈な祈りです。地と天の間に、立て直されたつながりがあります。

おそらくルカは、預言者たちの声が消えてしまったことを思い起こさせたいのでしょう。神は沈黙しておられるようでした。イエスこそが再び天を開かれ、天は二度と閉ざすことがなくなったのです。天は開かれたままになり、人は誰でも御父との対話に入ることができます。

この御子と御父との対話は、一つの約束を再び取り上げます。一つの歴史の大成です。御父から御子の上に降って来た聖霊は、鳩のようです。ノアの洪水の終わりをしるした鳩のようであり、雅歌に記される岩の裂け目にひそんでいた鳩のようであり、預言者ヨナがその名をとった鳩のようです。

御父と御子のかかわりは、愛の基本である、互いを認めるかかわりです。御父は御子を喜ばれ、御子は御父に認められたと感じておられます。

イエスにおいて人性と神性が出会い、永遠の契約の内にいつまでも結び合わされています。ルカは、この概念をイエスの系図をとおしても表現しています。系図は一人の人、ヨセフから始まり、アダムを創造された神に至ります。この系譜に沿って、人と神とは一つの歴史、すなわち世界の歴史の中で結ばれ、再びともにいるのです。人類全体、まだ現れない人類も、神から生まれたものと見なされるのです。

この出自は、わたしたちが誰であり、誰に属しているかを語っています。イエスにおいて、わたしたちは神に属し、神から生まれたと言うことができます。

《自己の内面に向き合うために》

＊最も深く神とのかかわりを持つことができるのは、どのような場ですか？

＊あなたの歴史のどのようなところに、神の足跡を認めることができますか？

11 どんな人になりたいか

（王子さまは）王さまたちにとっては世界はとても簡単なものだといういうことを知りませんでした。すべての人間は、家来なのです。

†サン＝テグジュペリ

ルカによる福音　4・1〜13

さて、イエスは聖霊に満ちて、ヨルダン川からお帰りになった。そして、荒れ野の中を〝霊〟によって引き回され、四十日間、悪魔から誘惑を受けられた。その間、何も食べず、その期間が終わると空腹を覚えられた。そこで、悪魔はイエスに言った。「神の子なら、この石にパンになるように命じたらどうだ。」イエスは、「『人はパンだけで生きるものではない』と書いてある」とお答えになった。

更に、悪魔はイエスを高く引き上げ、一瞬のうちに世界のすべての国々を見せた。そして悪魔は言った。「この国々の一切の権力と繁栄とを与えよう。それはわたしに任されていて、これと思う人に与えることができるからだ。だから、もしわたしを拝むなら、みんなあなたのものになる。」イエスはお答えになった。「『あなたの神である主を拝み、／ただ主に仕えよ』／と書いてある。」

そこで、悪魔はイエスをエルサレムに連れて行き、神殿の屋根の端に立たせて言った。「神の子なら、ここから飛び降りたらどうだ。というのは、こう書いてあるからだ。

『神はあなたのために天使たちに命じて、
あなたをしっかり守らせる。』
また、
『あなたの足が石に打ち当たることのないように、
天使たちは手であなたを支える。』」
イエスは、「『あなたの神である主を試してはならない』と言われている」とお答えになった。

悪魔はあらゆる誘惑を終えて、時が来るまでイエスを離れた。

人生のある時点で、あなたは自分がどのような人でありたいかを決めなければなりません。人生そのものが自分自身の真実に向き合うよう導き、あるいは強いるのです。概してこういう状況では、自分以外に頼る者はなく、深い孤独を体験します。確信や拠り所としていたものが揺らいでいることに気づきます。自分が浮いていると感じ、うろたえる時です。

わたし自身が該当するからだと思いますが、イエスの荒れ野での四十日は、わたしへの問いかけとなります。四十年はイスラエルの民が荒れ野を旅した年数で、四十歳と言えば、もう人生が完成した年齢です。あなたが四十歳になっていれば、どのような人でありたいかをもう決めているはずです。

この問いは、荒れ野でイエスを誘導する問いとさほど違いはありません。誰でありたいか、どのようなタイプのメシアでありたいかを決める四十日なのです。メシア像についてはさまざまな期待があり、そのためイエスはご自分について決めるよう聖霊に促され、引き回されました。ある意味、ルカ福音書の誘惑の物語は、イエスが派遣された者として使命を生きるにあたって、計画を述べる話の代わりに置かれています。

自分について決めることはいつも闘いであり、相反する望みに直面しなければなりません。個人的な希望は周りの人たちの期待とぶつかり、甘い見通しは、現実がはっきり示すことと相いれないことがしばしばです。

人生に起こってくるように、イエスも独りになり、自分の荒れ野にいます。拠り所なく、放置され、確かさもありません。イスラエルにとって、荒れ野は恐れの時、恐れが蛇に姿を変えるまでになった時でした。飢えと渇きの時、偶像崇拝の時でした。一方で、荒れ野はまた、神との親しい交わりの場、かかわりの時、契約と律法の時でもありました。荒れ野は、これらすべてが起こる人生そのものです。

わたしたちは、「誘惑」ということばに辛辣なニュアンスを持たせることが多いのですが、よく考えれば、誘惑とは、わたしたちのありのままの姿が現れてくる人生の場にほかなりません。その上、ルカが用いている「試みる」という動詞（ギリシア語で peirazo）には、この意味もあるのです。

創世記の始めにアダムに起こったと同様、イエスに対しても最初の誘惑は食べることについてでした。よくある日常的な、あまりに普通でありふれた行為についてだったのです。実際、誘惑は特別な出来事ではなく、人生が移っていくこと自体に関するものです。人生そのものが、わたしたちのありのままの姿を絶えずあらわにし、自分について決めるようにと絶えず求めています。

食べることは、世界とのかかわりを示す一つのイメージです。食べることで、世界の一部を自分の内に取り込みます。食べるとは、わたしたちの外側にあるものとのかかわりを持つことです。ですから、どのように食べるかは、外的な世界とどのようにかかわっているかを表します。ある人々は自分のことだけを考えて世界をむさぼり食い、ある人々は適度に摂取し、他の人々は拒絶します！　どのように世界を食べようとしているかは、なにがしか自分のことを明らかにしています。

イエスは石をパンに変えず、空腹に耐えるのをよしとすることで、ご自身について何か語っています。石をパンに変えたとして何も悪いことはなく、誰の目にも触れず、四十日の断食の後ではむしろ理にかなってさえいるでしょうが、イエスは特権という道理を退けます。その権力は奉仕であり、分かち合うべきもので、自分のためではないのです。

最初の誘惑だけでなく、他の二つの誘惑も権力に関するものです。三番目の誘惑は、再び特権という道理を持ち出します。それは、わたしたちが神の子であることから来る力を使って神を挑発し、神を試そうとする要求です。幼い子どもが両親にわがままを通そうとする力です。かかわりのなかで子どもっぽく振る舞う人の特権であり、脅して相手に圧力をかけようとします。

ところで、権力の危険を理解する鍵は、二番目の誘惑に隠されています。それは権力との妥協、よいことのために悪と結託すること、善を行うための方便だと言って悪の道理に従うことです。イエスは特権だけでなく、「もしわたしを拝むなら、みんなあなたのものになる」(4・7)という妥協の考え方も拒否します。なんとたびたび教会も、ルカ福音書のこの箇所を忘れて、よいことができる唯一の方法と考え、権力の前にひれ伏したことでしょう!

誘惑は生涯にわたって付いて回り、わたしたちが弱っている時に戻ってきます。受難と十字架、その時が誘惑のタイミングです。苦しみに直面するとき、「自分自身のことを考えなさい! まず自分のことを考えなさい!」という、心がざわつく幼いころの戒めが繰り返されます。

わたしたちはこのように教育されたのです。いちばん大事なのは、何よりまず自分自身を救うことだと信じさせられ、育てられてきました。イエスにとっても誘惑は、受難と十字架という最後の時に、自己救済の誘惑として戻ってきます。「神の子なら、自分を救ってみろ。そして十字架から降りて来い」（マタ27・40）。

まさにそこで、もう一度、自分の実態が現れてきます。自分のエゴ、権力欲、もっともなこともある権利の主張か、あるいは、もっと大きな善を優先するかを決めなければならないたびに、自分のありのままが現れてくるのです。

《自己の内面に向き合うために》

＊あなたの人生で、誘惑は大体どのような表情をしていますか？

＊権力（または権力欲）や特権とどのようにかかわっていますか？

II

ルカ４・14〜９・36

ガリラヤでの宣教

12 片道だけの切符

わたしはことばを責めません。ことばは、選ばれた貴重な器と言えるでしょう。わたしが責めるのは、ことばの器に注いで、酔った教師がわたしたちに飲ませていた罪の葡萄酒です。

†アウグスチヌス

ルカによる福音　4・14～21

イエスは〝霊〟の力に満ちてガリラヤに帰られた。その評判が周りの地方一帯に広まった。イエスは諸会堂で教え、皆から尊敬を受けられた。

イエスはお育ちになったナザレに来て、いつものとおり安息日に会堂に入り、聖書を朗読しようとしてお立ちになった。預言者イザヤの巻物が渡され、お開きになると、次のように書いてある個所が目に留まった。

「主の霊がわたしの上におられる。

貧しい人に福音を告げ知らせるために、

主がわたしに油を注がれたからである。
主がわたしを遣わされたのは、
捕らわれている人に解放を、
目の見えない人に視力の回復を告げ、
圧迫されている人を自由にし、
主の恵みの年を告げるためである。」
イエスは巻物を巻き、係の者に返して席に座られた。会堂にいるすべての人の目がイエスに注がれていた。そこでイエスは、「この聖書の言葉は、今日、あなたがたが耳にしたとき、実現した」と話し始められた。

帰ることには魅力があります。優しさに包まれたり気持ちが高ぶったりした過去に、郷愁が光彩を添えます。すべてが以前のままであるような錯覚をもって帰って行きます。失われたかかわりに戻り、育つのを見守ってくれた場所に帰り、養ってくれた思い出に帰って行きます。

でも、現実は決して思い描いたとおりのはずはなく、帰ることは往々にして期待外れとなります。外的なことの奥に、覚えていたのとは違う現在がすぐに見てとれます。真の意味で帰るとは勇気ある行為です。思い出を強いて崩すことであり、現実はもはや自分の思っていたものではないことを認めることだからです。

帰ることはまた、自分の変化を人に見られることでもあります。かえってこれが衝突の原因となります。人々はたぶんにあなたが変わることを認めず、自分たちが知っているのがあなただと言い張るからです。母親があなたを子ども扱いし続けるとしたら、それはもう衝突のきっかけです！　この時点で、妥協し、好かれようとし、摩擦を避け、人々が自分の歴史や歩みを台無しにしたり、自分がどんな者になっているかを消し去ったりするのを放っておくこともできます。さもなければ、衝突が起きたり、少なくとも無理解に遭ったりしても構わないとして、自分が変わったことを主張することもできるのです。

福音のこの箇所は、ちょうど帰るという行為から始まっています。イエスは出身地、故郷、人々が彼の成長を見ていた場所に帰ります。帰るのは荒れ野からです。自分の人生を読み直すことのできた場所、抱いている望みに名を付けた場所、自分がどのような者でありたいか、人生で何をしたいか、御父の招きにどのように答えたいかを決めた場所から、帰るのです。

イエスには帰る勇気があります。あたかも故郷がもう一度、彼を産まなければならないかのようです。しかしここでも、いちばん近い人たちが彼の変化を受け入れるのに抵抗します。わたしたちは、人が自分の配置したところにきちんと収まっているほうが好きなのです。とても手っ取り早い解決策です。イエスがこの枠組みから抜け出そうとするとき、いつもの結末が待ち受け、人々は彼を排除しようとします。これは家庭でも、グループでも、共同体でも起こることです。挑発的な言動や多様性は、守りのメカニズムによってすぐさま隅に追いやられるのです。

宣教は逃避ではないので、イエスは帰ります。まず、身近なところによい知らせをもたらします。宣教を始めるのは自分の世界、自分に近い人からです。イエスの同郷人のように、わたしたちも自分と同類の人から驚嘆させられるのには抵抗があります。イエスはこの矛盾をはらんだ事態の中に入り、彼をよく知っている人からまず福音を告げ知らせ始めます。人々を唖然《あぜん》とさせ、また近い人々がみことばに挑発されたと感じたときには、怒りも招きます。

わたしたちの発することばは風に流されることが多々あり、どういう結果を引き起こすかにはあまり頓着していません。自分の言うことを軽くとらえていて、後になってから、言ったことを悔やむのかも知れません。しかし、一つひとつのことばは、言われたときに現実となるのです。ことばは出来事であり、行為です。ことばはいつも、責任を伴う働きです。わたしたちは話すとき、ルールを守り、繊細なツールを使い、文というグラスに意味という酒を注ぎますが、毒入りの酒ということもあり得ます。

イエスは、このことばの効果を真剣に受け止め、言行一致を生きます。話すとはいつでも倫理的な問題であり、自分がかかっていること、自分が誰かを示すことです。ことばはいつでも、一つの務めです。

イエスは解放について話すだけでなく、解放することに努めます。正義について話すだけでなく、正義を行うために努めます。イエスはあわれみについて話すだけでなく、あわれみとなります。

一言発するとき、そのことばは現実となり出来事ともなっていくこと、それについて自分が責任を負わざるを得ないことを、話すたびに自覚しなければなりません。

《自己の内面に向き合うために》

＊帰るのを恐れている状況がありますか？
＊気をつけながら話していますか、ことばを不用意に使っていますか？

13 ナザレの危険

皆と同様に、キリスト者も暴力に遭う。

†ミシェル・ド・セルトー

ルカによる福音　4・22〜30

皆はイエスをほめ、その口から出る恵み深い言葉に驚いて言った。「この人はヨセフの子ではないか。」イエスは言われた。「きっと、あなたがたは、『医者よ、自分自身を治せ』ということわざを引いて、『カファルナウムでいろいろなことをしたと聞いたが、郷里のここでもしてくれ』と言うにちがいない。」そして、言われた。「はっきり言っておく。預言者は、自分の故郷では歓迎されないものだ。確かに言っておく。エリヤの時代に三年六か月の間、雨が降らず、その地方一帯に大飢饉が起こったとき、イスラエルには多くのやもめがいたが、エリヤはその中のだれのもとにも遣わされないで、シドン地方のサレプタのやもめのもとにだけ遣わされた。また、預言者エリシャの時代に、イスラエルには重い皮膚病を患っている人が多くいたが、シリア人ナアマンのほかはだれも清くされなかった。」

これを聞いた会堂内の人々は皆憤慨し、総立ちになって、イエスを町の外へ追い出し、町が建っている山の崖まで連れて行き、突き落とそうとした。しかし、イエスは人々の間を通り抜けて立ち去られた。

キリスト者が人生から受ける問いとは、死ぬのを受け入れるか、相手を害するかにほかなりません。今の時代は、過去にたがわず暴力的です。広場での辱めはメディアにさらされることに、さらし台は誹謗《ひぼう》中傷に取って代わりました。

異を唱えて対抗する人に向き合うとき、その人を亡き者としようとするのか、排除しようとするのか、辱めようとするのか、または自分が、殺されるために山の崖まで連れて行かれる危険を冒すのかを決めなければなりません。

自分の内にある暴力と、自分が被ると思える暴力をどうするか決めるよう、わたしたちは絶えず迫られています。

自分に迷惑な人を締め出そうとする欲求はいつも潜んでいます。人が迷惑であるのは、時に、単に自分の言い分を認めないから、共有しないから、別の考えを持っているからに過ぎないこともあります。

言われることが自分の状況に当てはまり、それを問題にするとき、このことばは挑発となります。これは他者のことばに限らず、ある時は神のことばでもあります。

他者がわたしたちを挑発するとき、防御のメカニズムが自動的に動き出し、その人を決定的に排除する前に、まず見下そうとします。福音では、イエスに対してこのメカニズムが繰り返し働いています。「大工の子ではないか」、「この人がもし預言者なら、その女がどんな人か分かるはずだ……」（ルカ7・39参照）などです。

見下すことは攻撃の控え目なかたちで、メディアで使われるばかりでなく、人の欠点や限界がよく分かっている親しい間柄でも使われます（イエスは言われた。「きっと、あなたがたは、『医者よ、自分自身を治せ』ということわざを引いて」）。夫婦関係、仕事の同僚間、また修道共同体でも、見下すことはごくありふれた暴力のかたちです。

この福音の箇所で、イエスはわたしたちを挑発する身内であり、わたしたちは彼の言うことを軽んじて距離を置こうとします。こうして短絡的結果を招いてしまうのですが、これは人生で起こることです。イエスはこの侮りをまともに受け止め、見ず知らずのカファルナウムの人々に福音を告げに行ってしまいます。慣れ親しんだナザレでは、イエスは何も奇跡を行うことができません。親類は、彼のことばに触発される気はなかったからです。そして、これはいつも繰り返されることです。イエスは、エリヤが遣わされた異邦人のやもめと、預言者エリシャに癒やしてもらうために遠くからやって来た皮膚病の異邦人にも同じことが起きたと想起させています。

イエスの体験そのものをとおして、わたしたちはこのパラドックスに留まるよう招かれます。信用しない近しい人々と、温かく迎え入れてくれる外部の人々とのパラドックスです。身近な人はわたしたちを拒否し、遠い人が受け入れてくれます。

イエスの身内、同郷人、つまりイエスのことばを軽んじて、排除するために山の崖まで連れて行こうとする人々は、いつの時代にもいるイエスの身内です。これが、教会の中で、神の国で、繰り返され続けている力関係です。イエスの身内、イエスにとても近い人々の間には、キリストを拒否する危険がいつもあります。イエスのことばから受ける挑発を遠ざけようとする誘惑がいつもあります。キリストを山の崖まで連れて行こうとする教会、自分の病にかがみこんで神を排除しようとする教会です。自分の傷が癒えることだけに意識が向いて、みことばから来る挑発に耳を傾けようとしなくなった教会です。社会的で、博愛主義の教会かも知れませんが、神不在の教会です。福音によると、この殺人のもくろみは、よその土地やパレスチナの辺境では起こらず、ナザレ、その後はエルサレムで起こります。つまり身内のいる場所、敬虔な場所で起こるのです。

福音が語るには、イエスの同郷人たちは怒りで満ちていました。一方イエスは、この章の始めにあるように、荒れ野に向かうとき聖霊に満ちていました。死ぬのをよしとするか、相手を殺そうと決心するかは、心が何で満たされているかによるのです。わたしたちの選びは、心に抱えているものの実りです。フラストレーション、怒り、幻滅は、しばしば単にいけにえと決めた人、スケープゴートに対する致命的な告発に変わります。

《自己の内面に向き合うために》

＊生活の中で、暴力を体験する場面がありますか？（他者に対するあなたの暴力、またはあなたに対する他者の暴力）

＊身近な人からの挑発的なことばを、受け止める心づもりがありますか？

14 わたしにかまわないで

沈黙の実は祈り。祈りの実は信仰。信仰の実は愛。愛の実は奉仕。奉仕の実は平和。

†マザー・テレサ

ルカによる福音　4・31〜44

イエスはガリラヤの町カファルナウムに下って、安息日には人々を教えておられた。人々はその教えに非常に驚いた。その言葉には権威があったからである。ところが会堂に、汚れた悪霊に取りつかれた男がいて、大声で叫んだ。「ああ、ナザレのイエス、かまわないでくれ。われわれを滅ぼしに来たのか。正体は分かっている。神の聖者だ。」イエスが、「黙れ。この人から出て行け」とお叱りになると、悪霊はその男を人々の中に投げ倒し、何の傷も負わせずに出て行った。人々は皆驚いて、互いに言った。「この言葉はいったい何だろう。権威と力とをもって汚れた霊に命じると、出て行くとは。」こうして、イエスのうわさは、辺り一帯に広まった。

イエスは会堂を立ち去り、シモンの家にお入りになった。シモンのしゅうとめが高い熱に苦しんでいたので、人々は彼女のことをイエスに頼んだ。イエスが枕もとに立って熱を叱りつけられると、熱は去り、彼女はすぐに起き上がって一同をもてなした。日が暮れると、いろいろな病気で苦しむ者を抱えている人が皆、病人たちをイエスのもとに連れて来た。イエスはその一人一人に手を置いていやされた。悪霊もわめき立て、「お前は神の子だ」と言いながら、多くの人々から出て行った。イエスは悪霊を戒めて、ものを言うことをお許しにならなかった。悪霊は、イエスをメシアだと知っていたからである。

朝になると、イエスは人里離れた所へ出て行かれた。群衆はイエスを捜し回ってそのそばまで来ると、自分たちから離れて行かないようにと、しきりに引き止めた。しかし、イエスは言われた。「ほかの町にも神の国の福音を告げ知らせなければならない。わたしはそのために遣わされたのだ。」そして、ユダヤの諸会堂に行って宣教された。

今の時代の一つの病は、無関心です。時として、わたしたちは周りで起こることに無感覚であり、起こってくることに心を動かされません。そして、この病に気づかないままでいます。

このルカ福音書の箇所は、一般に対照的ともとらえられる二つの場所、会堂と家で展開する二つの場面を続けて記しています。祈りの場とふだんの生活の場を描くことで、神があらゆるたぐいの状況に入り、その状況を癒やされることを示しているのでしょう。

二つの場面の導入として、イエスがカファルナウムに下ったことが記されています。イエスは土地の低いところに下ります。わたしたちの奈落、病気や痛みの現実に下ります。わたしたちを高みに連れ戻すために下ります。

会堂は、安息日には神のことばを傾聴するところですが、みことばは人々の生き方に影響を及ぼさなくなってしまっています。福音の告知によって生き方が変えられない、うんざりした繰り返しになっているわたしたちの信心の場と、この会堂はよく似ています。

会堂には、安息日ごとに神のことばに耳を傾けていながら、汚れた霊に取りつかれていることに気づかなかった男がいます。その霊は姿を現さずのんびりしていて、その男が神のことばに触発されることがないようにし、平静に見せかけていました。汚れた霊はイエスが誰であるかを知り、みことばの告知がもたらす実りを予感し、そのことばに悩まされることを直観しているので、みことばとは距離を置いています。

わたしたちもこのように、時々汚れた霊に取りつかれ、自分の生き方を問題にしようとしません。このため、みことばに耳を傾けても揺さぶられることがありません。穏やかそうにも見せながら、無関心であり続けます。

みことばがわたしたちに触れるとき、苦痛を覚えることもあります。労苦と痛みを通って解放されるからです。

イエスは、祈りの場と日常生活の場を結び合わせるかのように、会堂を出て一軒の家に入ります。その家は弱くなった家です。地中海地域の風習では家を支えるのは女性で、その女性が病気なので、家自体が病んでいるのです。カファルナウムに下って来たように、ここでイエスは、この現状の上に身をかがめます。イエスが下って来て身をかがめるとすぐに、この女性は立ち上がり、回復します。

癒やされる体験は人生の歩みの一つですが、そこで立ち止まっていることはできません。主はわたしたちを癒やし、わたしたち自身がその体験をもとにして、よい知らせを告げる者になるようにしてくださいます。

時々、わたしたちは信仰の面では思春期のままで、イエスを独り占めにしようとし、いつでも言うことを聞いてほしいと願います。「群衆はイエスを捜し回ってそのそばまで来ると、しきりに引き止めた」とあるとおりです。
それに引きかえ、イエスのかかわりは大人のかかわりです。距離をとり、成功を求めず、人生の基盤となるかかわりに専心します。イエスは人里離れた所に退き、祈り、御父と語り、起こったことを読み直してその意味を探します。まさにそこから、祈りから、福音を告知し続けるための力が湧き上がるのです。

《自己の内面に向き合うために》
＊神のことばから問いかけられるのをよしとしていますか?
＊神体験を他の人に伝えるために尽力していますか?

15 挫折からの挑戦

わたしたちの父である神よ、あなたをほめ、たたえます。あなたは、御子の内にあなたに従うようペトロをお呼びになり、その召命の神秘を徐々に示してくださいました。

†C・M・マルティーニ

ルカによる福音　5・1〜11

イエスがゲネサレト湖畔に立っておられると、神の言葉を聞こうとして、群衆がその周りに押し寄せて来た。イエスは、二そうの舟が岸にあるのを御覧になった。漁師たちは、舟から上がって網を洗っていた。そこでイエスは、そのうちの一そうであるシモンの持ち舟に乗り、岸から少し漕ぎ出すようにお頼みになった。そして、腰を下ろして舟から群衆に教え始められた。

話し終わったとき、シモンに、「沖に漕ぎ出して網を降ろし、漁をしなさい」と言われた。シモンは、「先生、わたしたちは、夜通し苦労しましたが、何もとれませんでした。しかし、お言葉ですから、網を降ろしてみましょう」と答えた。そして、漁師たちがそのとおりにすると、おびただしい魚がかかり、網が破れそうになった。そこで、もう一そうの舟にいる仲間に合図して、来て手を貸してくれるように頼んだ。彼らは来て、二そうの舟を魚でいっぱいにしたので、舟は沈みそうになった。これを見たシモン・ペトロは、イエスの足もとにひれ伏して、「主よ、わたしから離れてください。わたしは罪深い者なのです」と言った。とれた魚にシモンも一緒にいた者も皆驚いたからである。シモンの仲間、ゼベダイの子のヤコブもヨハネも同様だった。すると、イエスはシモンに言われた。「恐れることはない。今から後、あなたは人間をとる漁師になる。」そこで、彼らは舟を陸に引き上げ、すべてを捨ててイエスに従った。

わたしはこんな風に、現代版ペトロを想像します。

「今朝も、挫折の重みがそこで待ち構えている。夜の内に消えてしまうと思っていたのに、そこでわたしを待ち構えている。満足そうにわたしを見つめて、いつものようにわたしが観念し、じめじめした冬の日に祖母が羽織るショールのように、再び肩に負われるのを待っている。

昨晩から散らかっていたものを片付けながら、これから始まる一日が心配になってきた。他の部屋から聞こえてくる声は煩わしく、わたしはだんだんと孤立感を深め、自己弁護しながら挫折ばかりを思い悩む。こうやって落胆しているときに神がわたしを訪れてくれるなど、分かるものか。」


福音がペトロを描いているのは、夜が明けて、昨夜は役に立たなかった網を片づけているところです。棒に振った夜、何も獲れなかった夜でした。

彼を失敗者と呼ぶ内なる声は、これから待ち受ける惨めなこと、挫折を話さなければならない大事な人たちに対して感じる肩身の狭さに思いを至らせ、この一日の始まりにペトロをさいなみます。ペトロだって煩わされたくありません。あらゆることが面倒です。でもまさにその時に、誰かが来て、あなたを放っておいてくれないのです。

舟は二そうあったのに、話題の風変わりな人は、よりによって彼の舟に乗ろうと決めました。イエスは、いつのまにかペトロの暗い表情に気づいたのでしょう。大げさな頼みにならないようにします。人々に押しつぶされずに話せるように、舟を少しだけ岸から移動させてくれるように頼むのです。大層なことを頼めば、ペトロは、今は無理ですと断る口実ができたでしょう。この、少しだけというのは戦略であって、これに「ノー」とは言えません。そして、イエスはもうペトロの舟に上がって陣取り、手放すつもりはありません。

ペトロは最後の網を片付け終えたところで、家に帰る算段をしていたのです。舟を岸に戻して立ち去れるように、この変わり者が早く話し終えてくれたらと願っていました。そのとき、別の頼みごとが持ち出されます。このたびは大層な頼み、挑発的で、皮肉にさえ聞こえます。もう一度網を取り出して漁に戻りなさい、沖に漕ぎ出しなさい、岸に留まっていてはいけない、湖のいちばん深いところに戻りなさい、あなたのいちばんショッキングな状況に降りていきなさい、逃げてはいけない、挫折したところ、途方に暮れうろたえたところ、自分を落ちこぼれと感じたところに戻りなさい、と言うのです。そこに戻りなさい、あなたが体験したことをいっしょに読み直してみよう、と。

そうです、それはあなたにとって永遠に続くと思える瞬間です。そのことばを前にして、これまでのこと全部が頭の中を通り過ぎ、あらゆることを考え、そして最後には、しようとしていることを分かりもせずに、受け入れるのです。それは、あきらめたからでもあるでしょうし、そのことばに信頼する理由もあるのでしょう。ペトロはすでにイエスが活動するのを見ています。ルカ福音書で少し前に語られたように、イエスはペトロの家に入ってしゅうとめを癒やしました（それをペトロが喜んだかどうかははっきりしませんが）。それにしても、特に考えられる理由は、イエスがペトロの舟に乗っていたときにした話が、まるで自分のために話してくれたようにペトロの心に響いたということです。現に、ペトロはイエスを「先生」と呼んでいます。あなたのことばに信頼します、自分を賭けます、挑戦します、挫折に直面します、もう一度網を打ちます、と言うのです。

ガリラヤ中で名の知れた漁師に向かって漁について助言する大工と、その夜何も獲れなかったというのに真っ昼間に漁に出ることを受け入れた漁師のことで、人々が爆笑したことをわたしは想像するに堪えません。ペトロは人々の皮肉に身をさらします。他の人がどう言うかをまったく気にせず、イエスに耳を傾けることのできるペトロの自由さがうらやましいです。

やっと、ものごとは順調に運び始めます。網はいっぱいになりますが、湖の真ん中、いちばん深いところでは、もっと別の何かが起きるはずです。ペトロは、忘れがたいその日の、とてつもない漁の喜びを表すのでなく、また網を引きずるときや巨大な魚の脇で自撮

郵便はがき

1 0 7 - 0 0 5 2

切手を
はってお出し
ください

（受取人）

東京都港区赤坂8-12-42
女子パウロ会
愛読者カード係　行

お客様コード　　　　　　＊お持ちの方はご記入ください。

お名前（フリガナ）　　　　　性別　1. 男　　2. 女

生年月日　　　　年　　月　　日

ご住所（フリガナ）〒　　　-

Tel　　　　　　Fax

E-mail

★該当する番号に○をつけてください

ご職業　1.会社員・公務員　2.自営業　3.主婦　4.学生　5.幼稚園教員　6.学校教員　9.その他（　　　　　　）

●どこでこの本をお知りになりましたか

0.その他　1.友人　2.学校・幼稚園　3.教会　4.目録　5.新聞・雑誌　6.キリスト教専門書店　7.一般書店　8.ダイレクトメール

●購買されている新聞・雑誌名をお選びください（いくつでもけっこうです）

1.朝日　2.毎日　3.読売　4.サンケイ　5.カトリック新聞　6.キリスト新聞　7.月刊あけぼの　9.その他（　　　　　　）

はがきにご記入いただきましたお客様の個人情報は、商品や資料の発送、各種サービスのご提供にのみ使用させていただきます。

※ご愛読ありがとうございました

書名

●この本をお読みになったご感想をお聞かせください

●これからどんな本の出版をご希望ですか?

●次の本を注文いたします

書籍コード	書　名	本体	冊

※お支払いは代引又は前払いでお願いいたします。

りするのでもなく、イエスの足もとにひれ伏し、離れてくださいと願うのです。ペトロは最も深いところに至りました。湖ばかりでなく、自分自身のいちばんの深みまで降り、その漁のシンボリックな意味をとらえたのです。

イエスはペトロに、いつもご自分に信頼するように招き、日々命を賭け続けるように求め、ペトロを脅かす生活の場にいっしょに立ち向かおうと呼びかけているのです。状況や出来事は、わたしたちが誠実にその意味を理解しようとするとき、ことば以上にものを言います。

イエスはペトロの理解は合っていると認めるのですが、それを言い表すのに、またもや「あなたは人間をとる漁師になる」という不可解な表現を使います。矛盾した、意味の分からない表現ですが、ペトロはこのことばの内に、何か自分の歴史やアイデンティティーを認めることができました。つまり漁師であること、でも何か新しいものが加わった「人間をとる漁師」です。

イエスはペトロのアイデンティティーを損なうつもりはありません。あるがままのペトロでよいのです。イエスは、ペトロがペトロであることを生かそうとします。あなたは漁師だ、漁師でいなさい、でも他者に仕えるために新しいタイプの漁師になるだろうと。

《自己の内面に向き合うために》

＊主が読み直すように招いている挫折の場がありますか?

＊主はどのように、あなたらしさを生かすように求めていますか?

16 人それぞれにそれぞれの病

キリスト教は円を完結するためにあらゆることを行い、そして疑うことがすでに罪だと公言した。

†F・ニーチェ

ルカによる福音　5・12～19、24、27～28、36～38

イエスがある町におられたとき、そこに、全身重い皮膚病にかかった人がいた。この人はイエスを見てひれ伏し、「主よ、御心ならば、わたしを清くすることがおできになります」と願った。イエスが手を差し伸べてその人に触れ、「よろしい。清くなれ」と言われると、たちまち重い皮膚病は去った。イエスは厳しくお命じになった。「だれにも話してはいけない。ただ、行って祭司に体を見せ、モーセが定めたとおりに清めの献げ物をし、人々に証明しなさい。」しかし、イエスのうわさはますます広まったので、大勢の群衆が、教えを聞いたり病気をいやしていただいたりするために、集まって来た。だが、イエスは人里離れた所に退いて祈っておられた。

ある日のこと、イエスが教えておられると、ファリサイ派の人々と律法の教師たちがそこに座っていた。この人々は、ガリラヤとユダヤのすべての村、そしてエルサレムから来たのである。主の力が働いて、イエスは病気をいやしておられた。すると、男たちが中風を患っている人を床に乗せて運んで来て、家の中に入れてイエスの前に置こうとした。しかし、群衆に阻まれて、運び込む方法が見つからなかったので、屋根に上って瓦をはがし、人々の真ん中のイエスの前に、病人を床ごとつり降ろした。

（……）

「イエスは、言われた。」「人の子が地上で罪を赦す権威を持っていることを知らせよう。」そして、中風の人に、「わたしはあなたに言う。起き上がり、床を担いで家に帰りなさい」と言われた。（……）

その後、イエスは出て行って、レビという徴税人が収税所に座っているのを見て、「わたしに従いなさい」と言われた。彼は何もかも捨てて立ち上がり、イエスに従った。（……）

そして、イエスはたとえを話された。「だれも、新しい服から布切れを破り取って、古い服に継ぎを当てたりはしない。そんなことをすれば、新しい服も破れるし、新しい服から取った継ぎ切れも古いものには合わないだろう。また、だれも、新しいぶどう酒を古い革袋に入れたりはしない。そんなことをすれば、新しいぶどう酒は革袋を破って流れ出し、革袋もだめになる。新しいぶどう酒は、新しい革袋に入れねばならない。」

今日の文化では、信仰は生活にかかわるものではないと考えられがちです。せいぜい信仰は、日常的な問題に対する感覚を麻痺させる手段のように思われています。フォイエルバッハからマルクス、ニーチェに至るまで、哲学者たちはたびたび、現実の労苦に目を閉ざすための幻想の薬として信仰をとらえようとしていました。

ルカ福音書5章の後半部分を読むと、その反面、イエスがいかに人々の問題に身を入れてかかわっていたかが分かります。その教えはことばだけでなく、具体的な行為によるものでした。それどころかイエスは感染することを恐れず、また死にかかった部分を怖がったりせずに、人間の病に近づきます。

重い皮膚病にかかった人が、勇気を出して、隔離されていた場所から出て来ました。彼は群衆の間を通って、町の中にいたイエスの前にひれ伏します。おそらく大勢の人は逃げ去り、二人だけがその場に残ったのでしょう。他の人と違って、イエスはわたしたちの悲惨な出来事を前にして逃げることはありません。

重い皮膚病の人は、もう何の訴えもなく、権利を求めず、ただイエスの望みに委ねます。そして、イエスがこの人に与えたのは、まさしく「わたしは望む、清くなれ」（フランシスコ会聖書研究所訳）というご自身の望みです。イエスは、わたしたち一人ひとりに対する救いの望みを心に抱いています。そして、この意志をはっきりとした動作で表します。重い皮膚病の人に触れるのです！　感染することを恐れず、自身も重い皮膚病の人と見なされる危険を冒します。

そして再び、成功から来る危険を避けて、イエスは人里離れた所に退き、祈ります。あたかも、その都度立ち止まって、改めて御父に耳を傾けたいと望んでいるかのようです。イエスは、奉仕や活動に流されることはありません。成功に結びつくときはなおさらです。ルカが描くイエスの特徴に慎重さがあります。イエスはわたしたちのあらゆる状況を通り、先に進めなくなっているとき、麻痺や不全といった状況にも来られます。この重い皮膚病の人のように、わたしたちのほうから勇気を出してイエスに出会いに行かなければならない場合があり、また他の人たちによってイエスのもとに運んでもらわなければならない場合もあります。

ここでは、他の人たちに運ばれた中風患者について語られています。運んだ人たちは共同体、教会かも知れません。教会は、イエスと出会うのが難しい状況でも、秘跡やみことばの説明によって、人々がイエスと出会えるように導きます。

イエスのいる家には近づけないようですが、友人たちは中風の人を上からつり降ろします。この中風患者は、おそらくあらゆる望みを捨てて、運ばれるままになっているのでしょう。しかしイエスはこの人の自発性を促し、起き上がるように、床を離れるように、人生を主体的に生きるように、もう一度歩き出すように、と言われます。

イエスは、わたしたちの倫理的な病、たとえば盗み、堕落、権力の乱用……にも入って来られます。レビは収税所に座って汚い仕事に就き、異教徒の代わりに税を徴収し、おそらくは上前をはねていたでしょう。汚れて、不道徳な状態にある彼にとっても、立ち上がり、生き返り、イエスに従う可能性があります。

これらの出会いを理解する鍵は、イエス自身のことばにあります。「わたしが来たのは、健康な人のためではなく、病人のためである」（5・31〜32参照）。不幸なのは、病んでいるのに、それをなかなか認められない、自覚できないことです。自分は健康だと思い込んでいるので、わたしたちとともにおられる神は何もすることがないと思っています。
癒やされなければならないのは、第一にわたしたちの考え方です。新しい布切れで古い服に継ぎを当てることができないし、新しいぶどう酒を古い革袋に入れることもできないのです。考え方を新たにして初めて、わたしたちの内に神のことばの新しさが宿るようになるでしょう。

《自己の内面に向き合うために》

＊主から癒やしていただきたい病気を、どのような名で呼びますか？
＊絶対に譲れないと思ってしまうのは、どのような考え方ですか？

17　これまでとは違う見方に立つ

その人は流れのほとりに植えられた木。ときが巡り来れば実を結ぶ。
†詩編1

ルカによる福音　6・1〜7、10、12〜13、20〜23、27〜28、37、43、46〜49

ある安息日に、イエスが麦畑を通って行かれると、弟子たちは麦の穂を摘み、手でもんで食べた。ファリサイ派のある人々が、「なぜ、安息日にしてはならないことを、あなたたちはするのか」と言った。イエスはお答えになった。「ダビデが自分も供の者たちも空腹だったときに何をしたか、読んだことがないのか。神の家に入り、ただ祭司のほかにはだれも食べてはならない供えのパンを取って食べ、供の者たちにも与えたではないか。」そして、彼らに言われた。「人の子は安息日の主である。」

また、ほかの安息日に、イエスは会堂に入って教えておられた。そこに一人の人がいて、その右手が萎えていた。律法学者たちやファリサイ派の人々は、訴える口実を見つけようとして、イエスが安息日に病気をいやされるかどうか、注目していた。（……）そして、［イエスは］彼ら一同を見回して、その人に、「手を伸ばしなさい」と言われた。言われたようにすると、手は元どおりになった。（……）

そのころ、イエスは祈るために山に行き、神に祈って夜を明かされた。朝になると弟子たちを呼び集め、その中から十二人を選んで使徒と名付けられた。（……）

さて、イエスは目を上げ弟子たちを見て言われた。「貧しい人々は、幸いである、／神の国はあなたがたのものである。今飢えている人々は、幸いである、／あなたがたは満たされる。今泣いている人々は、幸いである、／あなたがたは笑うようになる。人々に憎まれるとき、また、人の子のために追い出され、ののしられ、汚名を着せられるとき、あなたがたは幸いである。その日には、喜び踊りなさい。天には大きな報いがある。この人々の先祖も、預言者たちに同じことをしたのである。（……）

しかし、わたしの言葉を聞いているあなたがたに言っておく。敵を愛し、あなたがたを憎む者に親切にしなさい。悪口を言う者に祝福を祈り、あなたがたを侮辱する者のために祈りなさい。（……）人を裁くな。そうすれば、あなたがたも裁かれることがない。人を罪人だと決めるな。そうすれば、あなたがたも罪人だと決められることがない。赦しなさい。そうすれば、あなたがたも赦される。（……）

　悪い実を結ぶ良い木はなく、また、良い実を結ぶ悪い木はない。（……）わたしを『主よ、主よ』と呼びながら、なぜわたしの言うことを行わないのか。わたしのもとに来て、わたしの言葉を聞き、それを行う人が皆、どんな人に似ているかを示そう。それは、地面を深く掘り下げ、岩の上に土台を置いて家を建てた人に似ている。洪水になって川の水がその家に押し寄せたが、しっかり建ててあったので、揺り動かすことができなかった。しかし、聞いても行わない者は、土台なしで地面に家を建てた人に似ている。川の水が押し寄せると、家はたちまち倒れ、その壊れ方がひどかった。」


　いつかは始めなければなりません。ルカ6章で、イエスは宣教を開始します。師の説教が始まるよう、福音史家ルカが状況を整えたように見受けられます。

　イエスはいつも、目にすることから着手します。宣教に同行する一団となる弟子たちを招く前に、ファリサイ派の人々との衝突、ある種の信仰の生き方との衝突があることを真剣に受け止めなければなりません。これはまさに安息日、神のために取り分けられた日に関する衝突です。

ファリサイ派の人々の神は、彼らを飢えたまま、麻痺したままにしておく神です。生かすことより、律法にかなうことを選ぶ神です。行動するのを助けるより、無力にする神です。イエスは、神についてのこの誤ったイメージからわたしたちを解放するために来られます。

ルカはここに十二使徒の召命を置いています。イエスの最初の行為は、彼らを自分のもとに来るよう招くことです。「弟子たちを呼び集め」（6・13）とあるように、宣教に先立って、イエスとのかかわりがあります。これは主のイニシアティブであり、主が選ぶのです。そして彼らを使徒、遣わされた者と呼びます。

十二使徒のリストを眺めると、この選びには何の利点もないと考えたくなります。主はわたしたちを見つめ、ご自分のもとに呼び、選び、派遣します。例によって、大事なことを行う前に、ルカ福音書のイエスは祈ります。その行為がイエスだけによるのでなく、いつも御父との交わりの内になされる行為であることを際立たせるかに見えます。

派遣される前に、弟子たちは耳を傾けるように呼ばれます。人々に伝える教えはイエスの教えであって、自分たちの考えではないからです。イエスの教えは、古代の哲学者たちも直観したように、人間の根本的な問いから始まります。それは、幸せになりたいという望みです。イエスはこの根本的な望みを引き受け、そして転換します。幸せであるとは、貧しさ、飢え、泣くこと、不当な仕打ち……など、不足や剥奪を体験することだと言わんばかりです。これらはすべて、何かが欠けている状況です。その中で、わたしたちは自立できない体験をし、神に開くことができます。

マタイ福音書に記されている真福八端の後の部分は、ここでは、かかわりについての一連の教えに置き換えられています。

敵に対する愛は、自己を超えることのできる最も気高い愛の表現です。頬を打たれても他の頬を向けることのできる愛であり、つまり別の視点から物事を見つめることのできる愛です。他の頬を向けるとは実際、弱さのしるしではなく、見方を変えてみようとする力です。

イエスの告げる愛は、相互愛を超えます。愛してくれる人だけを愛することではなく、何の報いも望めないところでさえ愛することです。それに比してわたしたちの愛は、往々にして何らかの報いを求め、または少なくとも持っているものまで失うことがないようにします。イエスの愛の道理に身を置いて初めて、仲間の目にあるおが屑に気を取られることなくその人を見つめることができます。かかわりのなかで損するまいとしているときには、仕返しするために、相手の生き方の一つひとつをやり玉にあげるのです。

6章の結びでは、最初に取り上げられたことが、暗に再開されます。ファリサイ派の人々とイエスの教えの違いは、悪い実を結ぶ木と良い実を結ぶ木の違いのようです。

二つの生き方を表す二つの教えがあります。その一つ、ファリサイ派の人々の教えは、砂の上に建てた家のように堅固でない信仰の生き方を表し、一方イエスの教えは、人生の土台を岩の上に据えるようにしてくれます。堅固さは厳格さや教義主義によらず、深みと本物であることによるのです。

《自己の内面に向き合うために》

＊あなたの考え方は、ファリサイ派の人々とイエスの考え方のどちらに近いですか?

＊あなたの人生という家は、岩の上に建てられていると思いますか?

18　もうおしまいだ！

個々人の運命には、その人だけの世の終わりもあり得る。それは絶望と呼ばれる。

†ヴィクトル・ユーゴー

ルカによる福音　7・11〜17

それから間もなく、イエスはナインという町に行かれた。弟子たちや大勢の群衆も一緒であった。イエスが町の門に近づかれると、ちょうど、ある母親の一人息子が死んで、棺が担ぎ出されるところだった。その母親はやもめであって、町の人が大勢そばに付き添っていた。主はこの母親を見て、憐れに思い、「もう泣かなくともよい」と言われた。そして、近づいて棺に手を触れられると、担いでいる人たちは立ち止まった。イエスは、「若者よ、あなたに言う。起きなさい」と言われた。すると、死人は起き上がってものを言い始めた。イエスは息子をその母親にお返しになった。人々は皆恐れを抱き、神を賛美して、「大預言者が我々の間に現れた」と言い、また、「神はその民を心にかけてくださった」と言った。イエスについてのこの話は、ユダヤの全土と周りの地方一帯に広まった。

人生には絶え間なく、空虚の時、欠如の時、別離の時、喪失の時が訪れます。このむなしさは、そこに転落してしまう深淵にも、あるいは命を新たに生み出す場にもなり得ます。痛みの内に閉じこもっているときは、忘れてしまうより仕方がないと意固地に思い込み、あたかも墓所への行列のように進んでいきます。

このナインの葬列の後ろには、わたしたち皆が続いています。そこには、生きる意味を見いだせなくなっている人類、拠り所を失ったわたしたち、園《その》を幻滅の墓に変えてしまったわたしたちがいるのです。

この箇所では、すべてが逆説から始まっています。歓喜の場所を意味するナインでは、死者のための葬列が進んでいます。希望と歓喜であったはずの人生は、嘆きとなりました。しかしそれにもかかわらず、墓に向かうその歩みは決して無情なものではありません。というのは、もう一つの列、命の行列が人類の絶望を横切り、これを変容するからです。神はそっと入って来られ、わたしたちの人生と交差し、絶望に立ち入られます。イエスは棺に触れ、死と出会い、自らを汚し、命をもたらすためにご自身の清らかさを犠牲にします。

「もう泣かなくともよい」。この箇所でイエスが発した唯一のことばです。それは、人生を嘆きに変え続けるのはやめなさい、あなたのむなしさは、神が命を返してくださる場となり得るのだと言っておられるようです。歓喜の場所であるナインが葬式に変わったように、――わたしはあなたに言う――この空虚はあなたが再び子をもうける場となり得ると。この少年のように、わたしたちも再び立ち上がり、死の恐怖、無情な終わりという思い込みに打ち勝つことができるのです。

イエスは心を動かされてこの女性を見つめます。ところで、この女性はいったい誰でしょうか。夫も息子も亡くしたこの人のように、拠り所を失った人類でなくて誰でしょうか。生きる意味を見いだせなくなった人類です。神のやもめとなった人類、花婿を失った人類であり、夫を見分けられなくなった、またはおそらく神から見捨てられたと感じている人類です。

また、愛する息子がいなくなってしまった人類です。それは、愛せなくなってしまったからかも知れません。子どもたちを育てられなくなってしまったから、あまりに自分自身のことでいっぱいになってしまったからかも知れません。本質を失った人類、どうしようもなく死に向かって進むよりほかない人類です。

神はわたしたち一人ひとりに、もう一度立ち上がるように、死の恐怖に打ち勝てることを信じるように、と求められます。再び話し始めるように、また、孤立してしまわないように、かかわりや出会いやコミュニケーションを拒否しないようにと求められます。神はわたしたちを母親に返してくださいます。それは預言者エリヤの行為（王上17・23）と同じで、命へと呼び戻す行為です。死を迎えるときに神に願うのは、結局、命へと呼び戻してくださいという願いです。

神は、どうしようもなく絶望に向かって進んでいくこの墓所への行列を、黙って見過ごされません。イエスはこれを見て、心を動かされ、進み出ます。これらの動詞は、あわれみの動詞です。善いサマリア人のたとえやあわれみ深い父親のたとえのように、神がことをなされる発端にはいつも、人々の現実をご覧になって遮り、意表を突く、神のまなざしがあります。つまりは、それぞれのものに、本来の意味を取り戻してくださることなのです。人生が嘆きの場であり得ないように、ナインは墓所へと行列する場ではあり得ません。わたしたちが墓場に変えてしまった園は、もう一度花開かなければならないのです。

《自己の内面に向き合うために》

＊この葬列のイメージの中で、自分をどこに置きますか？

＊あなたが生き返るのを妨げているものは何ですか？

19 違う台本を読んでしまった！

存在することさえ学ぶものだ。

†イタロ・カルヴィーノ

ルカによる福音　7・36～8・3

さて、あるファリサイ派の人が、いっしょに食事をしてほしいと願ったので、イエスはその家に入って食事の席に着かれた。この町に一人の罪深い女がいた。イエスがファリサイ派の人の家に入って食事の席に着いておられるのを知り、香油の入った石膏の壺を持って来て、後ろからイエスの足もとに近寄り、泣きながらその足を涙でぬらし始め、自分の髪の毛でぬぐい、イエスの足に接吻して香油を塗った。イエスを招待したファリサイ派の人はこれを見て、「この人がもし預言者なら、自分に触れている女がだれで、どんな人か分かるはずだ。罪深い女なのに」と思った。

そこで、イエスがその人に向かって、「シモン、あなたに言いたいことがある」と言われると、シモンは、「先生、おっしゃってください」と言った。イエスはお話しになった。「ある金貸しから、二人の人が金を借りていた。一人は五百デナリオン、もう一人は五十デナリオンである。二人には返す金がなかったので、金貸しは両方の借金を帳消しにしてやった。二人のうち、どちらが多くその金貸しを愛するだろうか。」シモンは、「帳消しにしてもらった額の多い方だと思います」と答えた。イエスは、「そのとおりだ」と言われた。そして、女の方を振り向いて、シモンに言われた。「この人を見ないか。わたしがあなたの家に入ったとき、あなたは足を洗う水もくれなかったが、この人は涙でわたしの足をぬらし、髪の毛でぬぐってくれた。あなたはわたしに接吻の挨拶もしなかったが、この人はわたしが入って来てから、わたしの足に接吻してやまなかった。あなたは頭にオリーブ油を塗ってくれなかったが、この人は足に香油を塗ってくれた。だから、言っておく。この人が多くの罪を赦《ゆる》されたことは、わたしに示した愛の大きさで分かる。赦されることの少ない者は、愛することも少ない。」そして、イエスは女に、「あなたの罪は赦された」と言われた。同席の人たちは、「罪まで赦すこの人は、いったい何者だろう」と考え始めた。イエスは女に、「あなたの信仰があなたを救った。安心して行きなさい」と言われた。

すぐその後、イエスは神の国を宣べ伝え、その福音を告げ知らせながら、町や村を巡って旅を続けられた。十二人も一緒だった。悪霊を追い出して病気をいやしていただいた何人かの婦人たち、すなわち、七つの悪霊を追い出していただいたマグダラの女と呼ばれるマリア、ヘロデの家令クザの妻ヨハナ、それにスサンナ、そのほか多くの婦人たちも一緒であった。彼女たちは、自分の持ち物を出し合って、一行に奉仕していた。

わたしたちは時々、演じる役に一生懸命になるあまり、愛することを忘れています。人々の期待や口にしてはいけないセリフ、またはどういう反応を引き起こしたらよいかばかり考えてしまい、自分の望みのためには時間がなくなっています。

もっと恐ろしいのは、たまたま、したいと思ったことのない配役に当たったとき、また、ある役を割り当てられて、この人物を演じるように生まれついていると思い込まされるときです。しまいにはわたしたちもそう信じ込み、本来の人生の役割を演じることを放棄してしまうのです。

福音が語っているファリサイ派のシモンは、ある意味で、自分自身を探す空っぽの甲《かっ》冑《ちゅう》を描くカルヴィーノの『不在の騎士』を想起させます。小説の中で、不在の騎士は、物議をかもしている自分の騎士としての尊厳を証しするために、その証拠を探さなければなりません。

しかしカルヴィーノが描く人物と同様、シモンも甲冑の下には何もありません。シモンは自己弁護します。生き延びることを学んだのです。ただ甲冑を身に着けることでのみ、自分が何者かでいられると思っていました。不在の騎士が女騎士ブラダマンテの愛に気づかないように、シモンも申し分のない人物であることに没頭するあまり、彼の家は、誰とのかかわりも許されない不毛の部屋に変えられたのです。

どうしたら、シモンが甲冑を脱ぐのを助けられるでしょうか。

ルカ福音書でイエスが好んでいるのは、鏡の効果です。一人の人をもう一人と向き合わせます。もう一人の人が、わたしをさらけ出します。もう一人の人だけが、わたしの甲冑を脱がせることができます。自分一人では決してできないでしょう。

わたしたちは皆、演じる人物の中で身動きがとれなくなる恐れがあります。福音に描かれた女は、おそらく子どものころから、生きていくには身を売るしかないと思い込まされていたのでしょう。愛は稼いで得るものだと信じさせられていました。しかしそれは、まさにシモンがイエスに対して行っていることです。この女が、演じている人物から解放されようと決めたちょうどそのとき、シモンは、自分こそが本当の娼婦だと認めるに至ったのです。

わたしたちの愛し方には、なんと多くの身売りがあることでしょう。無償で愛される価値がある自分の尊厳を主張するのは、なんと難儀なことでしょう。他者の愛は稼いで得なければならないと、どれほど思い込んでいることでしょうか。

この女は、自分が演じる人物から解放されるためには、賭ける必要があると教えています。女が締め出されている家がありますが、その家の中でしかイエスに出会うことはできません。シモンは、扉を閉めておきたい家の主人、祭司です。シモンは、その女のことを自分のように考える人だけ、自分の妄想を肯定する人だけを、家に入れる人です。

人は自分なりの表現でしか愛することができません。この女は、他人を真似しようとせず、自分が知っている唯一の表現を用います。女のしぐさはどのようにも取れます。失礼で、ふさわしくないとさえ言えますが、イエスはそのあいまいさのままに彼女を受け入れ、仮面を付けない自分自身でいられるようにしてくれるのです。それと反対に、シモンは本音を隠し続けます。

ゆるされることの少ない者は愛することも少なく、多くをゆるされた者は多く愛するというのは真実です。しかしこれは、罪を犯してもよいということではありません。ポイントは、自分の罪を自覚しているかどうかです。シモンとこの女の違いは、もちろん罪の多さではなく、二人それぞれが自分の罪をどれほど自覚しているかです。

イエスが断言したことを、自覚という観点から書き直してみたらよいのでしょう。自分の罪を自覚することの少ない者はゆるされることも少ないが、わたしたちが自分の罪を自覚するほど、神のあわれみをいっそう体験できるようになる、ということです。

シモンは罪が少ないのではなく、罪を自覚していないだけです！

イエスは、シモンが裁きの姿勢から愛に移れるよう、同伴しようとします。こせこせした律法の順守者でありながら、同時に空っぽの甲冑でもあり得るのです。シモンのような人は、決して間違えないでしょうが、愛を体験することもありません。概して孤立した人たちです。シモンは、もてなしが悪かったわけではありませんが、最低限のことをしただけでした。一方で、女は自分自身を賭け、リスクを冒しますが、押しつけがましくありません。イエスの足に注意を払い、低いところにいて、厚かましくありません。イエスの足、彼女が従っていきたいイエスの歩みを観想しています。

《自己の内面に向き合うために》

＊主は、どのような人物像からあなたを解放したいと望んでいるでしょうか？

＊人生の中で、どのような役柄を演じたいですか？

20　愛に似るもの

言語は我々の手段である。だから、せめて、清い手段を用いなければならないだろう。

†J・L・オースティン

ルカによる福音　8・4〜18

大勢の群衆が集まり、方々の町から人々がそばに来たので、イエスはたとえを用いてお話しになった。「種を蒔《ま》く人が種蒔きに出て行った。蒔いている間に、ある種は道端に落ち、人に踏みつけられ、空の鳥が食べてしまった。ほかの種は石地に落ち、芽は出たが、水気がないので枯れてしまった。ほかの種は茨の中に落ち、茨も一緒に伸びて、押しかぶさってしまった。また、ほかの種は良い土地に落ち、生え出て、百倍の実を結んだ。」イエスはこのように話して、「聞く耳のある者は聞きなさい」と大声で言われた。

弟子たちは、このたとえはどんな意味かと尋ねた。イエスは言われた。「あなたが

たには神の国の秘密を悟ることが許されているが、他の人々にはたとえを用いて話すのだ。それは、

『彼らが見ても見えず、
聞いても理解できない』

ようになるためである。

このたとえの意味はこうである。種は神の言葉である。道端のものとは、御言葉を聞くが、信じて救われることのないように、後から悪魔が来て、その心から御言葉を奪い去る人たちである。石地のものとは、御言葉を聞くと喜んで受け入れるが、根がないので、しばらくは信じても、試練に遭うと身を引いてしまう人たちのことである。そして、茨の中に落ちたのは、御言葉を聞くが、途中で人生の思い煩いや富や快楽に覆いふさがれて、実が熟するまでに至らない人たちである。良い土地に落ちたのは、立派な善い心で御言葉を聞き、よく守り、忍耐して実を結ぶ人たちである。

ともし火をともして、それを器で覆い隠したり、寝台の下に置いたりする人はいない。入って来る人に光が見えるように、燭台の上に置く。隠れているもので、あらわにならないものはなく、秘められたもので、人に知られず、公にならないものはない。

だから、どう聞くべきかに注意しなさい。持っている人は更に与えられ、持っていない人は持っていると思うものまでも取り上げられる。」

ことばは、場違いだったり適切だったり、乱暴だったり繊細だったりします。注意深くことばを選んだり、深く考えずに使ったりします。ことばは壁にも橋にもなり得る、とまで言います。特に大事なかかわりにおいて、どのようにコミュニケーションしているかをよく考えてみれば、おそらく、そのかかわりの中でどのように愛しているかにも気づくでしょう。

行動しなければならない状況では、コミュニケーションの仕方が機能的になりがちなのは事実ですが、自分らしくいられるかかわりでは、コミュニケーションの仕方に、どのように愛しているかも表れてきます。

沈黙という手を使う人がいれば、声の調子で他者を封じる人、聴くほうを好む人、さらに余計なことを決して言わない人もいます。無意識だったり自然にそうしたりしても、これらはコミュニケーションの戦略であり、同時に愛し方でもあります。

いろいろな土地に落ちる種のイメージをとおして、イエスは神のコミュニケーションの仕方を描写します。イエス自身が、種とみことばとの類似を導き出していますが、神のコミュニケーションの仕方を描写しながら、イエスはご自分の愛し方も示しています。

種を蒔く人はいろいろなタイプの土地を通って行きますが、種はどこにも等しく落ちます。この種蒔く人は、おそらくぼんやりしているか、たいそう太っ腹の人です。神は、人々のさまざまな生活の状況を通りながらみことばを発し続けられます。よい土地だけに蒔くのではありません。

自分がどのタイプの土地であるかを振り返るのは、このたとえ話の本質をつかむことにはならないでしょう。むしろイエスが言いたいのは、たとえどのようなタイプの土地であっても、彼はわたしたちの人生にみことばの種を落とし続ける、ということだと思えます。神は、このように打算なく愛されます。見返りを求めることなく愛されます。基準を満たすよう求めることはありません。わたしたちの人生がどのようなものであっても、神のことばは変わらずに届くのです。

神のことばは、蒔き散らされ、無駄遣いされ、浴びせられることばです。神のコミュニケーションの仕方は、ソクラテスのコミュニケーションの仕方とはずいぶん違っています。「プラトンの対話編」の中で、ソクラテスは対話者を選び、問答法によって真理を浮かび上がらせ、自分がその人を導こうとします。しかし、神の愛はエリートのためのものではありません。人の人生の中で、ご自分の思いどおりにみことばを成長させようとはなさらず、それぞれの土地がそこに落ちたみことばの運命を決める自由を残します。

みことばは、本当にあらゆる状況を通って行きます。わたしたちの抱く疑問は、たびたび悪魔が忍び込む土地となり、悪魔は考えに入り、問題を大げさに見せ、神のみ顔をゆがめます。また浅はかさは、種が成長するために必要な時間をかけようとしません。そして、わたしたちの抱く幻想、世の欺きは、ありもしない目標を追いかけるよう仕向けます。

よい土地とは、種を納める力のある土地です。種はひとりでに実を結びます。マリアはよい土地です。初めから、耳にするみことばを心に納めた方だからです。いつもみことばを理解できなくとも、その時が来れば芽生えるようにしておきます。

わたしたちはコミュニケーションの時代にありながら、自分たちのコミュニケーションの仕方にあまり気を配りません。どちらかと言えば直接的、衝動的で、簡単です。ことばは放たれますが、このたとえ話の意味とは異なり、ことばが生かされない、ことば本来の重みがないという意味で放たれるのです。愛もまた、このようです。そそくさと、表面的で、心遣いなく愛しているのです。

ことばに気を配るようになるとは、愛し方に心を配るようになるという意味でもあります。

《自己の内面に向き合うために》

＊主はどのように、あなたの生活の中でみことばの種を蒔き続けておられますか？

＊ふだん、あなたのコミュニケーションの仕方はどのようですか？

21 決して立ち止まれない旅

熱い心には、多くの霊が吹く。

†シリアのエフレム

ルカによる福音　8・19～39

さて、イエスのところに母と兄弟たちが来たが、群衆のために近づくことができなかった。そこでイエスに、「母上と御兄弟たちが、お会いしたいと外に立っておられます」との知らせがあった。するとイエスは、「わたしの母、わたしの兄弟とは、神の言葉を聞いて行う人たちのことである」とお答えになった。

ある日のこと、イエスが弟子たちと一緒に舟に乗り、「湖の向こう岸に渡ろう」と言われたので、船出した。渡って行くうちに、イエスは眠ってしまわれた。突風が湖に吹き降ろして来て、彼らは水をかぶり、危なくなった。弟子たちは近寄ってイエスを起こし、「先生、先生、おぼれそうです」と言った。イエスが起き上がって、風と荒波とをお叱りになると、静まって凪になった。イエスは、「あなたがたの信仰はどこにあるのか」と言われた。弟子たちは恐れ驚いて、「いったい、この方はどなたなのだろう。命じれば風も波も従うではないか」と互いに言った。

　一行は、ガリラヤの向こう岸にあるゲラサ人の地方に着いた。イエスが陸に上がられると、この町の者で、悪霊に取りつかれている男がやって来た。この男は長い間、衣服を身に着けず、家に住まないで墓場を住まいとしていた。イエスを見ると、わめきながらひれ伏し、大声で言った。「いと高き神の子イエス、かまわないでくれ。頼むから苦しめないでほしい。」イエスが、汚れた霊に男から出るように命じられたからである。この人は何回も汚れた霊に取りつかれたので、鎖でつながれ、足枷をはめられて監視されていたが、それを引きちぎっては、悪霊によって荒れ野へと駆り立てられていた。イエスが、「名は何というか」とお尋ねになると、「レギオン」と言った。たくさんの悪霊がこの男に入っていたからである。そして悪霊どもは、底なしの淵へ行けという命令を自分たちに出さないようにと、イエスに願った。ところで、その辺りの山で、たくさんの豚の群れがえさをあさっていた。悪霊どもが豚の中に入る許しを願うと、イエスはお許しになった。悪霊どもはその人から出て、豚の中に入った。すると、豚の群れは崖を下って湖になだれ込み、おぼれ死んだ。

この出来事を見た豚飼いたちは逃げ出し、町や村にこのことを知らせた。そこで、人々はその出来事を見ようとしてやって来た。彼らはイエスのところに来ると、悪霊どもを追い出してもらった人が、服を着、正気になってイエスの足もとに座っているのを見て、恐ろしくなった。成り行きを見ていた人たちは、悪霊に取りつかれていた人の救われた次第を人々に知らせた。そこで、ゲラサ地方の人々は皆、自分たちのところから出て行ってもらいたいと、イエスに願った。彼らはすっかり恐れに取りつかれていたのである。そこで、イエスは舟に乗って帰ろうとされた。悪霊どもを追い出してもらった人が、お供したいとしきりに願ったが、イエスはこう言ってお帰しになった。「自分の家に帰りなさい。そして、神があなたになさったことをことごとく話して聞かせなさい。」その人は立ち去り、イエスが自分にしてくださったことをことごとく町中に言い広めた。

人生のさまざまな状況で、心の奥深くに秘められた面があらわになることがあります。イエスは、教育の道筋のようにして、弟子たちが危険や苦しみに遭遇するようにされます。この箇所に見られるように、イエスはたびたび弟子たちに「向こう岸に渡る」よう求めます。この表現はいつも挑戦のように聞こえます。海は死のシンボルですが、それは、海がいつでも沈む恐れのあるところだからです。このことからも、海は洗礼の一つのシンボルとなりました。人生は、向こう岸へと渡りながら、絶えず危険を恐れず挑戦するよう呼ばれている旅に似ています。イエスは弟子たちに、彼に信頼するならできることだと教えようとしています。

わたしたちの人生で起こるように、ここでもイエスはタイミングの悪いとき、嵐が起きているときに眠り込まれたようです。イエスに是非ともいてほしいと願うときに限って眠っておられるのは、とても受け入れがたいことです。神がわたしたちの叫びに応えられない、沈黙の時期です。

同様に、イエスは弟子たちが僻地《へきち》、周縁の地、苦しみと汚れに遭遇する場所に入って行くよう仕向けます。弟子たちといっしょに、自己の尊厳を捨て去った男に出会われます。ゲラサの地の、悪霊に取りつかれたこの男は誰でしょうか。とても詳しい描写がなされています。服を着ていないだけでなく、なんと墓場に住んでいるのです。あらゆる人間関係の環境から外れて、死の場所で生きている、あるいは人気のない場所に住んでいます。拘束され、つながれた人です。人生によって、おそらくは依存のせいで、強迫観念または幻覚のせいで、隷属状態にされた人です。

イエスが行った癒やしは、とりわけ、この人に尊厳を返したいという望みからでした。イエスはその人を豚と区別し、彼を蔑まれた動物とするものを遠ざけ、人としての尊厳を取り戻されます。そうしてこの人は服を着るようになり、動物ではなく人間に戻ります。人々は、イエスの足もとに座っているこの人、すなわち誰かとかかわりをもつようになったこの人を見るようになります。

ゲラサの人々のように、わたしたちも、仕事を邪魔しに来るイエスにいらいらすることがあります。イエスがおられると、物事の秩序が損なわれているところに介入されるのです。

この話の結びは、回心と召命をごっちゃにしないための大事な教えです。強烈な回心の体験をした人は、神に身をささげるのが唯一の生き方だという考えを抱きがちです。でもその場合、弟子としてイエスに従う動機はとてもあいまいになり、回心の代価のようになってしまいます。回心した成り行きでイエスに従うとすれば、自由は制限されてしまいます。

イエスはこの人に、自分を締め出し、拒否し、束縛した人たちのところに帰るよう招きます。それは、彼らへの証しとなるためです。いつの日かこの人が主に従えるとは限りません。彼の歩みは別の道を通って行くのです。

《自己の内面に向き合うために》

＊嵐の時をどのように過ごしていますか？

＊極度の苦しみの状況を目にするとき、どのように反応しますか？

22 生きることを放棄できますか？

人生とは、人生以外の計画を一生懸命立てているときに起こる出来事だ。

†アントニー・デ・メロ

ルカによる福音　8・40〜56

イエスが帰って来られると、群衆は喜んで迎えた。人々は皆、イエスを待っていたからである。そこへ、ヤイロという人が来た。この人は会堂長であった。彼はイエスの足もとにひれ伏して、自分の家に来てくださるようにと願った。十二歳ぐらいの一人娘がいたが、死にかけていたのである。

イエスがそこに行かれる途中、群衆が周りに押し寄せて来た。ときに、十二年このかた出血が止まらず、医者に全財産を使い果たしたが、だれからも治してもらえない女がいた。この女が近寄って来て、後ろからイエスの服の房に触れると、直ちに出血が止まった。イエスは、「わたしに触れたのはだれか」と言われた。人々は皆、自分ではないと答えたので、ペトロが、「先生、群衆があなたを取り巻いて、押し合っているのです」と言った。しかし、イエスは、「だれかがわたしに触れた。わたしから力が出て行ったのを感じたのだ」と言われた。女は隠しきれないと知って、震えながら進み出てひれ伏し、触れた理由とたちまちいやされた次第とを皆の前で話した。イエスは言われた。「娘よ、あなたの信仰があなたを救った。安心して行きなさい。」

イエスがまだ話しておられるときに、会堂長の家から人が来て言った。「お嬢さんは亡くなりました。この上、先生を煩わすことはありません。」イエスは、これを聞いて会堂長に言われた。「恐れることはない。ただ信じなさい。そうすれば、娘は救われる。」イエスはその家に着くと、ペトロ、ヨハネ、ヤコブ、それに娘の父母のほかには、だれも一緒に入ることをお許しにならなかった。人々は皆、娘のために泣き悲しんでいた。そこで、イエスは言われた。「泣くな。死んだのではない。眠っているのだ。」人々は、娘が死んだことを知っていたので、イエスをあざ笑った。イエスは娘の手を取り、「娘よ、起きなさい」と呼びかけられた。すると娘は、その霊が戻って、すぐに起き上がった。イエスは、娘に食べ物を与えるように指図をされた。娘の両親は非常に驚いた。イエスは、この出来事をだれにも話さないようにとお命じになった。

人生は過ぎていきますが、必ずしも人生を生きているとは限りません。自分の内で起きていることや周りで起きていることに気づかずに、人生の大部分をうとうとしながら過ごしているのです。

時にわたしたちは、人生の主《あるじ》であることをやめてしまい、眠っています。他の人が人生の脚本を書いてくれるので、もう生きていないのです。成り行きに任せ、わくわくすることもなく、だらだらと生活を送りながら、それでも折にふれて生き返りたいという望みがちょっと頭をもたげては、エネルギーが切れた疲れの中で消えてしまいます。責任をとらないために眠っているほうがよいときもあり、現実の中で担わなければならない役割を避けるために眠っています。諦めと恐れの漂う眠りです。

眠りは、死の一つの表れです。命の停止です。

この聖書の箇所では、生きられないでいる二人の人が登場します。十二年は、満ち満ちた時を表します。ここでは、さまざまな理由から、満ち満ちて生きられていない命のことが語られています。

出血を患う女は、人々の判断によって生きられなくされた女性です。止まらない血は流れる命であって、律法によれば、皮肉にもこの女を汚れた者とし、このために人と接したりかかわりをもったりできません。生きようとしても、命はこの女からすり抜けていき、留めることができません。彼女は人と離れていなくてはなりません。独りぼっちでいることを余儀なくされています。人々の思惑こそが彼女のエネルギーを奪い、命を失わせているのです。ここに記されている医者は、他人の治療法を決めるために人生をささげ、人々の命をひどい状態にする診断を行うために人生を送っている人たちを表しています（マルコによる福音書5章26節に「多くの医者にかかって、ひどく苦しめられ、全財産を使い果たしても何の役にも立たず、ますます悪くなるだけであった」とあるとおりです）。この女は、人々が押しつけようとする処方箋を破った瞬間に生き始めます。律法を破ってイエスに触れようと決めます。人々が許さないことをしようと決めるのです。

わたしたちは、他の人から貼られたレッテルに縛られていることが多々あります。レッテルが便利なこともあります。少なくとも自覚できるアイデンティティーが持て、自分が何者かでいられるからです。でも、その代価を払わなければなりません。わたしたちがこうありたいと望むものを選ぶエネルギーがなくなっていることもあります。
イエスは触れられるに任せます。汚れていると思われること、人との接触、病んだ人間性との接触が、新たな命の源になります。往々にして、清さを保とうとこだわるあまり、命を殺してしまうことがあります。

もう一人、生きようとしない少女がいます。生きるのを放棄した人です。聖書では、この少女は歩きだした、「もう十二歳になっていたからである」（マコ5・42）と記されています。暗に、「十二歳になっているのだったら、歩けないはずはない」と言うかのようです。この少女は、自分の持っている資質を生かすことを放棄していました。歩く年齢になっているのに、生きるのを放棄しようとする多くの若者のようです。イエスは出血を患う女に対してと同じく、ここでも病気とかかわり、少女の手を取ります。この少女はたぶん、彼女を信じ、立ち上がって自分の足で歩くように声をかけてくれる大人が必要だっただけかも知れません。

そして、ここに父親がいます。多くの父親のように、娘の眠りを理解せず、受け入れられません。けれども大人として振る舞う父親であって、娘の眠りに文句を言い続けたり、娘が眠っているので気を落としたりしたままではいないで、そこを離れ、出て、助けを探しに行きます。父親が父親であるのは、子どものために自らがことばとなり、その必要を伝え、生きるために役立つものを家に持ち帰るからです。これが父親であるという意味です。強引でないだけでなく、急を要する状況であっても待つことのできる父親です。

わたしたちは、出血を患う女のように、命のないところに命を探し続けて、いたずらに血を流し続けているのかも知れません。状況やかかわり、役割にこだわっているのですが、それは自分の力をそぐことでしかありません。

またわたしたちは、この十二歳の少女のように、自分の足で歩かないために目覚めないと決めたのかも知れません。もう一度自分自身を信じ始めるために、命に触れてもらうことが必要なのでしょう。今はもう、力なく、あるいはうとうとして、人生を中途半端に生きているときではないのでしょう。

《自己の内面に向き合うために》

＊力がそがれる状況がありますか？　自分で選んだ状況ですか？　その状況を改善できますか？

＊自分の足で歩くことが怖くて、生きようとしないことがありますか？

23 旅のサプライズ

自分の家から出ないで世界を理解しようとするのは、倫理的にも地理的にも、非常に難しいことだ。

†ヴォルテール

ルカによる福音　9・1～17

イエスは十二人を呼び集め、あらゆる悪霊に打ち勝ち、病気をいやす力と権能をお授けになった。そして、神の国を宣べ伝え、病人をいやすためにに遣わすにあたり、次のように言われた。「旅には何も持って行ってはならない。杖も袋もパンも金も持ってはならない。下着も二枚は持ってはならない。どこかの家に入ったら、そこにとどまって、その家から旅立ちなさい。だれもあなたがたを迎え入れないなら、その町を出ていくとき、彼らへの証しとして足についた埃を払い落としなさい。」十二人は出かけて行き、村から村へと巡り歩きながら、至るところで福音を告げ知らせ、病気をいやした。

　ところで、領主ヘロデは、これらの出来事をすべて聞いて戸惑った。というのは、イエスについて、「ヨハネが死者の中から生き返ったのだ」と言う人もいれば、「エリヤが現れたのだ」と言う人もいて、更に、「だれか昔の預言者が生き返ったのだ」と言う人もいたからである。しかし、ヘロデは言った。「ヨハネなら、わたしが首をはねた。いったい、何者だろう。耳に入ってくるこんなうわさの主は。」そして、イエスに会ってみたいと思った。

　使徒たちは帰って来て、自分たちの行ったことをみなイエスに告げた。イエスは彼らを連れ、自分たちだけでベトサイダという町に退かれた。群衆はそのことを知ってイエスの後を追った。イエスはこの人々を迎え、神の国について語り、治療の必要な人々をいやしておられた。

　日が傾きかけたので、十二人はそばに来てイエスに言った。「群衆を解散させてください。そうすれば、周りの村や里へ行って宿をとり、食べ物を見つけるでしょう。わたしたちはこんな人里離れた所にいるのです。」しかし、イエスは言われた。「あなたがたが彼らに食べ物を与えなさい。」彼らは言った。「わたしたちにはパン五つと魚二匹しかありません、このすべての人々のために、わたしたちが食べ物を買いに行かないかぎり。」というのは、男が五千人ほどいたからである。イエスは弟子たちに、「人々を五十人ぐらいずつ組にして座らせなさい」と言われた。弟子たちは、そのようにして皆を座らせた。すると、イエスは五つのパンと二匹の魚を取り、天を仰いで、それらのために賛美の祈りを唱え、裂いて弟子たちに渡しては群衆に配らせた。すべての人が食べて満腹した。そして、残ったパンの屑を集めると、十二籠もあった。

人生の隠喩としての旅のイメージは、ずっと昔から人類の歴史とともにありました。神話では、太陽までもが、日々天における旅をしています。旅とは、故郷イタカに戻れないオデュッセウスの旅であり、または反対に、到達しなければならない目的のある巡礼者の旅です。

出発するとは、安全や確かさを手離し、馴染《なじ》みのないものに出合う心づもりを持ち、人生に驚かされることを意味します。旅に出るには、己の人生の単調さを破らなければなりません。歩み出すとは、疲れること、苦労して道を進むことでもあります。

この体験が豊かなものだからこそ、イエスも十二使徒のために研修期間のようなものを設けたのかも知れません。わたしもイエズス会の修練者だったとき、この体験をしたことを覚えています。修練長の神父は、出発地点と到達目標をわたしたちに示しました。この巡礼の間、食べるためにも寝るためにも誰かに願わなければならず、お金は持っていませんでした。そればかりか、自分のアイデンティティーを交換条件のように使えなかったので、「ただ人として受け入れてもらう体験をしているイエズス会士です」と言ってはなりませんでした。

最初、わたしは途方に暮れ、劇的な状況を想像していたことを覚えています。でも驚いたことに、その機会に、計り知れない神の摂理を体験したのです。親しみの湧くような状況、深い出会い、驚くような出来事など。

イエスは、みことばそのものが生き方となることを考えていたのかも知れません。何も持たないということは、神の存在の他にどんなものも頼りにしてはならないということです。さらにイエスは、使徒たちが受け入れられないことも起こり得ると見越し、人生について現実的な見方をしていると思えます。この意味でも、巡礼は人生の隠喩になります。わたしたちは、少しばかりのよいものを他者の人生にもたらすように呼ばれています。しかし現実的には、ある人にとっては関心のないことだったり、ある人にとってはいらだたしいことでさえあったりするのです。

旅する時があるように、立ち止まって体験を読み直す時もあります。イエスは弟子たちを自分のもとに呼び寄せました。今改めて、イエスは弟子たちに、彼らをそばに置きたいという望みを表されます。これは、観想したらよいイエスの望みです。

しかし再びルカは、現実的に、この望みを実現するのは不可能である状況を記していません。イエスは自分を探している群衆を前にします。しかし、それでも十二使徒を忘れません。そこで、使徒たちが自分の使命に参与するようにします。これはイエスが引き続き彼らといっしょにいるための方法ですが、また、使徒たちの巡礼の体験から実りを引き出す方法でもあります。旅は、人々の境遇に対する共感に成長するために、特に役立つものです。

旅の間、弟子たちは何も持っていませんでした。今は少なくとも五つのパンと二匹の魚があります。最初、袋が空っぽだったときに信頼していたなら、今も信頼すべきでしょう。にもかかわらず、わたしたちは人生の中で得た神体験を簡単に忘れてしまいます。イエスは、わたしたちが少ししか持っていないことを決して恐れないようにと招いています。

《自己の内面に向き合うために》

＊今日、主はどのような旅を勧めていますか？
＊あなたを必要としている人に、今日何を差し出すことができますか？

24 あなたについて行きません！

十字架を、わたしたちは敬意をこめて家の壁に掛けたが、心には据えなかった。

†トニーノ・ベッロ神父

ルカによる福音　9・18～27

イエスがひとりで祈っておられたとき、弟子たちは共にいた。そこでイエスは、「群衆は、わたしのことを何者だと言っているか」とお尋ねになった。弟子たちは答えた。「『洗礼者ヨハネだ』と言っています。ほかに、『エリヤだ』と言う人も、『だれか昔の預言者が生き返ったのだ』と言う人もいます。」イエスが言われた。「それでは、あなたがたはわたしを何者だと言うのか。」ペトロが答えた。「神からのメシアです。」イエスは弟子たちを戒め、このことをだれにも話さないように命じて、次のように言われた。

「人の子は必ず多くの苦しみを受け、長老、祭司長、律法学者たちから排斥されて殺され、三日目に復活することになっている。」

それから、イエスは皆に言われた。「わたしについて来たい者は、自分を捨て、日々、自分の十字架を背負って、わたしに従いなさい。自分の命を救いたいと思う者は、それを失うが、わたしのために命を失う者は、それを救うのである。人は、たとえ全世界を手に入れても、自分の身を滅ぼしたり、失ったりしては、何の得があろうか。わたしとわたしの言葉を恥じる者は、人の子も、自分と父と聖なる天使たちとの栄光に輝いて来るときに、その者を恥じる。確かに言っておく。ここに一緒にいる人々の中には、神の国を見るまでは決して死なない者がいる。」


わたしたちは皆、内面に、理解されたいという根本的な要求を抱えています。かかわりに失望したり、かかわりが壊れたりするとき、まず思うのは、分かり合えなかったこと、自分が理解されなかったことです。その人を知っていると思っていたのに、目の前には違う人がいるのです。自分のことを分かってもらっていると思っていたのに、相手には自分ではないイメージを持たせていたのです。

誰かに自分を知ってもらうことは困難な作業です。というのも、わたしたちは自分自身にとってさえ、いつも神秘であるからです。

福音のこの箇所では、イエスも自分を知ってもらう必要があることを表していますが、さらにイエスは、理解されたと感じられない体験もしておられます。人々は相変わらず古い枠組みをあてはめるので、イエスの人柄の新しさをとらえることができません。このようにわたしたちも、他者の人生にレッテルを貼りたがります。決めてかかり、分かったつもりになりたがります。ナポリでは、「あなたは知られたカードだ……」という表現をします。わたしはあなたの人生を読めるし、もうあなたを知っている、ということです。

たぶんこの理由から、イエスは徹底的に従うよう招くのでしょう。ご自分といっしょに一つの体験をし続けるよう招き、屈辱や苦しみ、死をも通っていくように招くのでしょう。使徒たちには、おそらくまだすべてがはっきりしてはいない、もう少しいっしょに歩く必要があるということです。

この箇所は、イエスがエルサレムに向かっていくことを決意する直前に置かれています。つまりイエスは、彼を十全に知るために、彼とともに道を進むようわたしたちを招いているのです。これは、もう知っているという思い上がりに留まらないように、という招きです。

ペトロの信仰告白をフィリポ・カイサリア地方に位置づけているマタイ福音書、マルコ福音書とは異なり、通常は歴史的・地理的な詳細にとても気を配るルカ福音書は、ここでは、イエスと弟子たちとの間で会話がなされた場所の名を伝えません。物理的な出会いの場は、この福音書では内的な場となっているのです。

イエスは独りで祈っておられました。出発点、かつ根本的な問いを投げかけるところ、あるいは、わたしたちとイエスが互いに認め合うところ、それは祈りです。沈黙から、他者に耳を傾ける歩みが始まります。

誰かを知ろうとするとき、自分がいつもその人より先を歩いているつもりでいるなら、またそのプロジェクトや望みを知っているつもりでいるなら、その人を知ることはできません。イエスを知るためには、――誰を知るためにもそうですが――少しの間でも、彼の後ろを歩くことを学ばなければなりません。イエスの後ろにいるということは、イエスがどこに足を置くか、どのように人生に立ち向かうか、どの道を進もうと決めるかを見つめることです。弟子とは実際、どのような状況にあっても、「この場合、イエスはどこに足を置かれるだろうか」と問う人なのです。

自分を捨てるとは、したがって、自分の言い分を脇に置くことです。十字架はわたしたちを襲った不運ではないのです。十字架は福音であり、福音の道理です。自分の考え方をやめない限り、福音のものの見方を身につけることはできません。弟子とは、イエスの基準に従い、福音の仕方で日々選ぶことを決める人です。ですから、毎日弟子は、自分の一方的、利己的、あいまいな考え方、決め方を捨てる決意をします。

ヤコブが天使と格闘したときのように、弟子は、神との闘いで負けるならば勝ちます。何としても自分の生涯の記念碑を残そうとする人、毎朝自分のイメージを整えなければという気がかりで目覚める人、確保した安全を誰かが崩すのではないかという恐れに取りつかれている人がいます。こういう人はすでに死んでいて、すでに命を失っています。自分のエゴの城から決して出ないからです。

充実した人生は、福音が語る「わたしと福音のために命を失う者」のことで、たまたま失うことや、散漫や、不注意による敗北ではありません。母親が子どもを産むには、自分の何かを失わなければなりません。ともし火は油がなくなるときに輝き、塩は消えていくとき味を出します。自分を失うことなく愛することは考えられません。愛そうとしたことのある人は、自分を中心に据え続けようとしながら愛することが、どんなに難しいかを知っています。

《自己の内面に向き合うために》

＊理解されていないと感じるとき、どのように反応しますか？

＊自分の命を救うために、今日何を失うように呼ばれていますか？

25 急いで決めなければ

苦しむことを恐れる人は、恐れていることにすでに苦しんでいる。

†ミシェル・ド・モンテーニュ

ルカによる福音　9・28～36

この話をしてから八日ほどたったとき、イエスは、ペトロ、ヨハネ、およびヤコブを連れて、祈るために山に登られた。祈っておられるうちに、イエスの顔の様子が変わり、服は真っ白に輝いた。見ると、二人の人がイエスと語り合っていた。モーセとエリヤである。二人は栄光に包まれて現れ、イエスがエルサレムで遂げようとしておられる最期について話していた。ペトロと仲間は、ひどく眠かったが、じっとこらえていると、栄光に輝くイエスと、そばに立っている二人の人が見えた。その二人がイエスから離れようとしたとき、ペトロがイエスに言った。「先生、わたしたちがここにいるのは、すばらしいことです。仮小屋を三つ建てましょう。一つはあなたのため、一つはモーセのため、もう一つはエリヤのためです。」ペトロは、自分でも何を言っているのか、分からなかったのである。ペトロがこう言っていると、雲が現れて彼らを覆った。彼らが雲の中に包まれていくので、弟子たちは恐れた。すると、「これはわたしの子、選ばれた者。これに聞け」と言う声が雲の中から聞こえた。その声がしたとき、そこにはイエスだけがおられた。弟子たちは沈黙を守り、見たことを当時だれにも話さなかった。

地図に描いただけでは領有地にはなりません！　決意することをいろいろ思い描けたとしても、実際に決めないうちは可能性としてあるだけです。ある都市を探検することを想像し、頭の中で地図が作れても、その都市を視察するのは、実際に出発するならの話です。わたしたちの決意の多くは頭の中の映像に過ぎないことがあり、慰めとなる楽しい望みや大胆な望みであって、本当に実現しようとはしません。

決意とはいつも、自分の安心から出ることを余儀なくされる一つの旅です。決意することで、自分の考えの外に連れ出され、現実の世界を直視するように強いられます。決意には失敗する、間違う可能性も含まれます。言い換えれば、決めるためには危険を冒さなければなりません。

ルカ福音書は、決意の過程にあるイエスを描いています。最後まで成し遂げるか、引き返すかを決める時です。洗礼の出来事で示された、御子に聞くようにとの御父の招き（「あなたはわたしの愛する子……」ルカ3・21～22）がこの箇所に再び見られるのは、当然なことかも知れません。イエスの洗礼は、言わば、御父による任命とイエスによる使命の受諾が取り交わされた出来事でした。再選択の時に、イエスは自分の使命の根本に返ります。すなわち、御父の愛への従順に戻ります。

イエスが現実と向き合った時期（ルカ3章～9章）の後で、問いは戻ってきます。イエスは自分の使命に対して、いつもまったく自由です。義務づけられていません。イエスはその自由に立脚して、御父への従順を生きるのです。

わたしたちはこのように、洗礼とエルサレムの間、旅の出発点と到達点の間の、一つの橋の上にいます。したがって、この福音の箇所は、この章最後の数節と関係づけて読むことが不可欠です。「イエスは、エルサレムに向かう決意を固められた」（9・51）と記されています。

イエスのこの決然とした態度を見つめるとき、わたしたちの人生が浮かび上がってくるのかも知れません。わたしたちの人生は、橋を渡っていながら、その橋から決して出ることのない人生です。一度も実現したことのない選びを気に病んで思い返し、本当にとことん責任をとることなくぐずぐずし、現実という列車に決して乗ることなく、頭の中で旅をしているのです。

ルカ福音書のこの箇所は、ちょうど動と静、出ることと閉ざすことの対立をもとに構成されています。イエスはモーセとエリヤとともに、自分の最期について、旅について、安全から出ていくことについて話しています。ペトロは反対に、居続けるための仮小屋について話し、留まること、今あるもので満足することを願います。

人生の再選択の時、渡っていく橋の上にいて、イエスは自身を聖書に照らし合わせます。モーセとエリヤ、律法と預言者とは、福音書にたびたび出る、聖書全体を指す言い方です。

橋の上にいる時は、暗がりの時でもあり、進むべき方向がはっきり見えない時です。恐ろしい雲に包まれると感じる時ですが、同時に、わたしたちを包む雲は、その中で神が御子に聞くようにと招き、語られる雲でもある、と聖書からうかがえます。あいにくわたしたちは、自分の頭の中のすばらしい映像を眺めるのに、夢中になり過ぎているのかも知れません。

《自己の内面に向き合うために》

＊あなたも、橋の上にいて、なかなか決められないと感じていますか？

＊とても恐れを感じるもの、仮小屋に留まろうと思わせるものは何ですか？

Ⅲ

ルカ９・51〜19・27

エルサレムに向けての歩み

26 居続けるか、去るか

わたしは危険を冒すし、従いもする。わたしは選びはするが、自分に向かって「選択肢はない」と言うのだ。

†ポール・リクール

ルカによる福音　9・51〜62

イエスは、天に上げられる時期が近づくと、エルサレムに向かう決意を固められた。そして、先に使いの者を出された。彼らは行って、イエスのために準備しようと、サマリア人の村に入った。しかし、村人はイエスを歓迎しなかった。イエスがエルサレムを目指して進んでおられたからである。弟子のヤコブとヨハネはそれを見て、「主よ、お望みなら、天から火を降らせて、彼らを焼き滅ぼしましょうか」と言った。イエスは振り向いて二人を戒められた。そして、一行は別の村に行った。

一行が道を進んで行くと、イエスに対して、「あなたがおいでになる所なら、どこへでも従って参ります」と言う人がいた。イエスは言われた。「狐には穴があり、空の鳥には巣がある。だが、人の子には枕する所もない。」そして別の人に、「わたしに従いなさい」と言われたが、その人は、「主よ、まず、父を葬りに行かせてください」と言った。イエスは言われた。「死んでいる者たちに、自分たちの死者を葬らせなさい。あなたは行って、神の国を言い広めなさい。」また、別の人も言った。「主よ、あなたに従います。しかし、まず家族にいとまごいに行かせてください。」イエスはその人に、「鋤《すき》に手をかけてから後ろを顧みる者は、神の国にふさわしくない」と言われた。

いつ、人は大人になるのでしょうか？　反対に、どうして大人にならなければならないのでしょうか？

周りを眺めれば、そして、正直自分自身を眺めてみても、結局わたしたちは、大人になるつもりがまったくないように見えます。せいぜい人生の成り行きで、ベビーカーを下りて、押し始めるようになることがあるくらいです！

大人になるのは、誰かに対して責任があると自覚するようになったときです。ところで、どうして大人にならなければならないのでしょうか？　それは、人生に意味を持たせる唯一の方法だからです。大人になるとは、誰かに対して責任があると自覚することで、人生に意味を持たせるチャンスなのです。今日、あなたは誰に対して責任を負っていますか？　この問いに答えられなければ、あなたが人生に意味を見いだせないことは確かです。

他者に対して責任をとるとき、決断することが必要になります。責任とは、決めることです。「決める（decidere）」という語は、「断ち切る（recidere）」ということばと類似した音を持っているのは不思議ではありません。責任をとって生きている人だけが、役に立たないものを断ち切ることができ、木がいよいよ豊かに実を結ぶように刈り込むことができるのです。

この福音の箇所では、イエスは、選びの重圧と結果を引き受けつつ、一つの道（エルサレムに向かう道）を決める人です。「顔を固くされた」（訳注　「序」14ページ参照）とあるように、イエスはきっぱりと決意します。わたしたちはと言えば、顔を固くするのでなく、心のかたくなさによって選べないことがしばしばです。選ぶことで、人生に当然生じる結果を怖がっているのです。

しかし、責任と決断にはいつも、不寛容に流れる危険が潜んでいます。あわれみが伴わなければ、責任は暴力と化します。ヤコブとヨハネは、自らをイエスの選択の代弁者と思い込み、彼らのように考えない人々を焼き滅ぼそうとします。あわれみの扉は、わたしたちと同じように理解する人だけでなく、すべての人に開かれていなければなりません。イエスはヤコブとヨハネに、敵を焼き滅ぼすような偉大さを夢見ているのでなく、エリヤのように愛に燃えることを願います。そうです、責任が他者への愛ではなく、自己愛や、ある考え方に対する愛である場合、強迫観念や不寛容と化すことがあり得るのです。

さて、大人になるとは、断ち切ることを意味します。

ルカは、イエスの決断と、ある人の優柔不断を対比しています。この人は、名前もアイデンティティーもありませんが、読者が自分の名前を当てはめられるようにするばかりでなく、選ぶことのできないとき、このように、アイデンティティーのない「ある人」であり続けるからです。無名の人、意味を持たない人生、これは大人になりたくない人の定めなのです。

穴や巣は、逃れ場を必要とすること、母の胎から離れる恐れを表しています。わたしたちがなかなか選べないのは、自分の安心を断ち切ることが怖いからです。母親と別れる勇気がなければ、大人になることはできません。

福音を告げることができるよう、歩み、生き続けるためには、生活の中の死んだ関係、つまり命を奪って彼らの墓に縛りつける関係を断ち切らなければなりません。父親は、明らかに法のシンボルです。命を与えない法にしがみついている人は、目の前にある新しいものをとらえることができません。義務感に取りつかれているなら、命はありません。

大人とは、選び、前を見つめる人です。ところが不安な人は、掘った畝溝《うねみぞ》の線がまっすぐかを確かめるために振り返り続ける人です。畝溝を掘り始めてから後ろを顧みる者が、大人としての生き方にふさわしくない理由はこれです。自分の内に疑いとあいまいさを抱え続けているからです。

一方で大人は、自分の下した決定の全責任を取ります。過去に決別できなければ、未来を見つめることはできません。自分の歩みを続けるために、道の途中まで養ってくれたかかわりに決別できなければ、未来を見つめることはできません。

人生はいつでも、この無名の大衆から抜け出す可能性を差し出しています。わたしたちは何者かになることができ、人生に意味を持たせることができます。さもなければ、のらくらと、無名の「ある人」に戻ることもできるのです。

《自己の内面に向き合うために》
＊今日、誰に対して責任があると感じていますか？
＊あなたらしさが発揮されるために、何を断ち切るように呼ばれていますか？

27 旅はもう始まっている

イタカが貧しいところに見えても、そのせいでイタカがあなたを幻滅させるわけではない。あなたはたくさん経験を積んで、今や賢者になっている。イタカがどのような意味を持っているかを、あなたはもう分かったに違いない。

†K・カヴァフィス

（訳注　イタカは、ホメロスの叙事詩『オデュッセイア』に出る、オデュッセウスの故郷の島。冒険の旅の終着点。）

ルカによる福音　10・1〜20

その後、主はほかに七十二人を任命し、御自分が行くつもりのすべての町や村に二人ずつ先に遣わされた。そして、彼らに言われた。「収穫は多いが、働き手が少ない。だから、収穫のために働き手を送ってくださるように、収穫の主に願いなさい。行きなさい。わたしはあなたがたを遣わす。それは、狼の群れに小羊を送り込むようなものだ。財布も袋も履物も持って行くな。途中でだれにも挨拶をするな。どこかの家に入ったら、まず、『この家に平和があるように』と言いなさい。平和の子がそこにいるなら、あなたがたの願う平和はその人にとどまる。もし、いなければ、その平和はあなたがたに戻ってくる。その家に泊まって、そこで出される物を食べ、また飲みなさい。働く者が報酬を受けるのは当然だからである。家から家へと渡り歩くな。どこかの町に入り、迎え入れられたら、出される物を食べ、その町の病人をいやし、また、『神の国はあなたがたに近づいた』と言いなさい。しかし、町に入っても、迎え入れられなければ、広場に出てこう言いなさい。『足についたこの町の埃さえも払い落として、あなたがたに返す。しかし、神の国が近づいたことを知れ』と。言っておくが、かの日には、その町よりまだソドムの方が軽い罰で済む。」

「コラジン、お前は不幸だ。ベトサイダ、お前は不幸だ。お前たちのところでなされた奇跡がティルスやシドンで行われていれば、これらの町はとうの昔に粗布をまとい、灰の中に座って悔い改めたにちがいない。しかし、裁きの時には、お前たちよりまだティルスやシドンの方が軽い罰で済む。また、カファルナウム、お前は、天にまで上げられるとでも思っているのか。

陰府《よみ》にまで落とされるのだ。

あなたがたに耳を傾ける者は、わたしに耳を傾け、あなたがたを拒む者は、わたしを拒むのである。わたしを拒む者は、わたしを遣わされた方を拒むのである。」

七十二人は喜んで帰って来て、こう言った。「主よ、お名前を使うと、悪霊さえもわたしたちに屈服します。」イエスは言われた。「わたしは、サタンが稲妻のように天から落ちるのを見ていた。蛇やさそりを踏みつけ、敵のあらゆる力に打ち勝つ権威を、わたしはあなたがたに授けた。だから、あなたがたに害を加えるものは何一つない。しかし、悪霊があなたがたに服従するからといって、喜んではならない。むしろ、あなたがたの名が天に書き記されていることを喜びなさい。」

わたしたちは出帆した港を知らないし、どうしてこの小舟に乗っているのかも知りません。でも、旅の途上にあります。小舟は錨《いかり》を上げ、人生は始まりました。送り込まれ、投げ出されたり放り出されたりして、いま現に、わたしたちはここで波を切って進んでいます。戦々恐々とし、泣き叫びながら、わたしたちは人生に入ってきました。迎えてくださいと願ったりもしませんでした。この世は、暴力や無理解、痛みもありますが、おおむね信頼に足ると見えています。何とか自分の居場所を見つけ、小舟に腰を据えています。

けれども心の中には、わたしたちを命へと呼んだあの声を聴き分けたいという望み、憧れをいつも抱いています。旅立った場所、わたしたちの起源、旅の始まりを思い出したいのです。

今日、この福音の箇所で、人生の旅を再開するように促しているその声は、もしかするとわたしたちの内に、あの始まりの記憶を新たにしてくれるのかも知れません。「彼らに言われた」とある、この動詞は未完了で、終わっていない行為を指します。今もなお、どのように旅をしたらよいかを語り続けている声なのです。事実、今日も遣わし続けている方、この方自身が遣わされた者の第一人者であり、その起源を知っておられます。

わたしたちは二人ずつ遣わされました。パートナーなしということはあり得ません。孤立して、単独で、自立して存在する、あるいは自己充足して存在するなど、決してないのです。パートナーを忘れて自我にかがみこんでしまうたびに、自分のアイデンティティーを裏切ることになります。あの「二人」という表現は、わたしたちの現実を示しています。

わたしたちが社会から切り離されることなどないのです。わたしの選びは、自分だけの選びにとどまらず、いつでも誰かを巻き込むものです。

わたしたちは決して一人で旅をしません。パートナーは、わたしのために証言できる人です。わたしのことばが信頼に値するのは、誰かと分かち合ったからです。

二という数は、共同体の芽生えです。生まれるときから、わたしたちは全体の一部です。共同体とは後から築くものではなく、わたしたちは最初から、あるグループの一部です。いつも誰かに属しています。自分が自分だけのものということはあり得ません。遣わされた者の第一人者であるイエスも、御父から切り離されることは決してありません。

か弱く、幼く（話すことができない）、自分の権利をまったく要求することのできない弱い者として、わたしたちはこの世にやって来ます。狼の群れの中の小羊です。この世は、わたしたちに何だってできるでしょう。嵐に立ち向かう力を一切持たずに、わたしたちは旅を始めます。人生の経験をしながら、何度もあの最初を思い起こし、狼の群れの中の小羊と感じ続けます。そしてイエスは、「暴力的になってはならない！」と言いながら、このようにわたしたちを人生に送り込み続けるのです。ソフトなことばで、押しつけずに問いかけることば、強引ではない招きのことばをかけることが必要です！

キリストの弟子は、決して狼になることはできず、小羊の傷つきやすさのままでいることを習わなければなりません。

また、小舟が沈没しないように積み荷を降ろさなければなりません。人生の旅路には背負い袋を持っていけないのです。人生のあらゆる状況の重荷を、石のように次々と旅行カバンに詰め込んで、背負っていくことはできません。背負い袋は、手放すことのできない人のしるしですが、また、信頼しない人のしるしでもあります。というのは、わたしたちの糧となるものは今日あり、蓄える必要はないのです。今日のためのマンナがあるでしょう。


理想の旅人は、みことばに捕らわれた人なので、サンダルも履きません。自由人だけがサンダルを履いていました。イエスはサンダルを履かないように求めますが、それは、わたしたちが自分自身を運ぶのではなく、託されたみことばを運ぶからです。わたしたちが気づくように呼ばれているアイデンティティーは、みことばに仕える者のアイデンティティーです。このアイデンティティーに気づいたなら、もう旅の意味が分かったと言えるでしょう。

旅を全うしたいのなら、全部の港には立ち寄れません。絆から自由でいられることが欠かせません。立ち去ることを覚えるとともに、立ち止まれる、あの家に留まっていられる……ことも必要です。

家は、他者のシンボルです。人生において、わたしたちは他者の家、他者の人生に入ります。許しを得て、気遣いながら入ることもできれば、家を打ち壊し、占領し、我が物顔に振る舞うことだってできるのです。

「出される物を食べなさい」とあるように、わたしたちはかかわりによって養われもします。ただし、ないものを探しても無駄です。どんなかかわり、どんな家でも、わたしたちを養う糧を見つけられるのですが、ないものを求めるのは、不当で、場違いと言うものでしょう。一方、どの家にも、癒やしを必要とする病人がいるかも知れません。わたしたちは、他者を世話するために遣わされました。自分の要望を押しつけて、相手を殺すためではありません。

今しがたイエス自身も体験したように、旅の間には挫折も味わうことでしょう。わたしたちを迎え入れようとしない人もいるでしょう。人生の旅路で、弟子たちは拒絶も体験するでしょう。これは劇的な出来事ではなく、人生の避けられないひとコマです。

人生の旅路ではたくさんの場所を通り、おそらくは、堕落と不誠実の地、ソドムも通るように呼ばれるでしょう。あるいは、取引の地、ティルスとシドンも通るようになるかも知れません。ここでは、愛情をめぐって割に合うよう駆け引きをし、また搾り取られ、だまし取られたと感じることでしょう。

どのような旅であったにせよ、弟子たちは喜びにあふれてイエスのもとに帰って来ます。この人生の旅には何かしら意味があり、要するに、やってみるに値すると教えているように見えます。その後、立ち止まり、旅を読み直すべき時があります。そして何よりも、わたしたちはこの旅には名前があると気づきます。それは永遠の昔から天に書き記されている名前、旅の途上で決してわたしたちを離れなかった意味そのものである名前です。

《自己の内面に向き合うために》

＊あなたの旅は、今日どのようなところを通っていますか？

＊立ち止まって今日までの道のりを読み返すとしたら、何が起こるでしょうか？

28 わたしたちは皆、傷つきやすい

人間は傷ついた存在である。悪魔は、欲望で人間を傷つけ、神は、愛で傷つける。

†ジャック・マリタン

ルカによる福音　10・25～37

するとこ、ある律法の専門家が立ち上がり、イエスを試そうとして言った。「先生、何をしたら、永遠の命を受け継ぐことができるでしょうか。」イエスが、「律法には何と書いてあるか。あなたはそれをどう読んでいるか」と言われると、彼は答えた。「『心を尽くし、精神を尽くし、力を尽くし、思いを尽くして、あなたの神である主を愛しなさい、また、隣人を自分のように愛しなさい』とあります。」イエスは言われた。「正しい答えだ。それを実行しなさい。そうすれば命が得られる。」

しかし、彼は自分を正当化しようとして、「では、わたしの隣人とはだれですか」と言った。イエスはお答えになった。「ある人がエルサレムからエリコへ下って行く途中、追いはぎに襲われた。追いはぎはその人の服をはぎ取り、殴りつけ、半殺しにしたまま立ち去った。ある祭司がたまたまその道を下って来たが、その人を見ると、道の向こう側を通って行った。同じように、レビ人もその場所にやって来たが、その人を見ると、道の向こう側を通って行った。ところが、旅をしていたあるサマリア人は、そばに来ると、その人を見て憐れに思い、近寄って傷に油とぶどう酒を注ぎ、包帯をして、自分のろばに乗せ、宿屋に連れて行って介抱した。そして、翌日になると、デナリオン銀貨二枚を取り出し、宿屋の主人に渡して言った。『この人を介抱してください。費用がもっとかかったら、帰りがけに払います。』さて、あなたはこの三人の中で、だれが追いはぎに襲われた人の隣人になったと思うか。」律法の専門家は言った。「その人を助けた人です。」そこで、イエスは言われた。「行って、あなたも同じようにしなさい。」

道で半殺しの目に遭うというのは、誰にでも起こり得ること、起こることです。かかわりに亀裂が生じたとき、仕事を失ったとき、愛が終わったとき、または身体が思うに任せないとき、わたしたちは傷つきやすい存在です。何と表現してよいか分からない空虚さを感じるとき、傷つきやすい存在であり、わずかな希望にすがる嵐の海で、傷つきやすい存在です。

わたしたちは皆傷つきやすく、どんな状況にあっても、どんな時でも、自分がどんな状態であったとしても、人生のせいで傷ついたり、死ぬ目に遭ったりし得るのです。胎内に宿ったときに刻まれた傷つきやすさから逃れられないという共通点を、わたしたちは抱えています。

ルカ福音書のたとえ話は、皆に共通したこの傷つきやすさという観点から物事を眺めるようにとの招きです。そうして初めて、あわれみを理解できるようになります。あわれみは、人間の努力や個人の犠牲、気取りや宗教的な信念に基づくものでも、それによって動かされるものでもありません。他者の傷つきやすさの中に自分の傷つきやすさが見えるという気づきによって、あわれみは理解できるのです。

他者の傷つきやすさを目にしても立ち止まらず、道の向こう側を通って行く人は、自分自身を欺き、人生に追い詰められて馬から降りざるを得なくなるまで、自分の傷つきやすさを見ないようにして生きています。

しかし、人生は本当に寛大です。絶えず他者の人生と交わる機会が与えられ、人間性を十分に身につける可能性が与えられています。

他者の傷つきやすさを目の当たりにして、何がわたしを立ち止まらせるのでしょうか？　信仰から共感（コンパッション）が生まれるのではありません。信仰があっても、見て、道の向こう側を通って行く可能性があります。祭司とレビ人はエルサレムから下って来たので、おそらくは神殿で長い期間を過ごしたのでしょう。しかし、信仰は自動的に共感を生み出すことはなく、かえって誤解を招きがちです。

一人のサマリア人が同じ道を下って来ましたが、サマリア人はエルサレムで礼拝を行いません。サマリア人は、ルカ福音書の少し前の箇所で、イエスがエルサレムを目指して進んでいたために彼らの村を通って行くのを許さなかった人たちです。それにもかかわらず、イエスのたとえ話の中では、同じ光景を見て立ち止まるのは、一人のサマリア人です。疑いなく、彼が立ち止まるのは信仰によるのではなく、他者の傷の内に、自分も同じように傷つけられる可能性を見て取るからです。その人の傷つきやすさの内に、自分のような人を見るのです。その傷は、傷ついた人と自分とがいっしょに生きる場となります。他に分かち合うことのできるものはありません。ことばはなく、うめき声はなく、ただ傷だけが分かち合えるものです。まさにその傷の中でこそ、わたしたちは人間性を取り戻すことができるのであって、傷ついた人が誰であるかは問題ではないのです。一人の人であること、愛するためにはそれで足ります。道で半殺しの目に遭った人は話さず、誰であるか見分けがつきません。無名の人であればこそ、彼の中に自分自身、自分が傷つけられる可能性を見ることができます。誰か分からない、道で半殺しの目に遭った人は、自分であり得るどころか、自分なのです。

イエスはこのたとえ話を、わたしのように、他者の傷の中に自分を認めることができないでいる人、なおも見ないようにして、距離を置こうとする人のために語っています。実際、わたしたち信徒も、「永遠の命を手に入れるために、何をしなければならないでしょうか」というように、義務を果たすという非人間的な面だけを考え続けることがあります。この敬虔な人、律法の専門家は、道で半殺しの目に遭った人とのかかわりに興味がないばかりでなく、イエスとのかかわりにさえも関心がないほど、非人間的です。ただ単にイエスを試すために尋ねるのです。それは、わたしたちが本当に心にかかっていることを正直に神に打ち明ける勇気のないまま祈るときと同じです。

わたしたちがついに心からの願いを神に差し出すことができたときには、自分が傷ついた者、傷つきやすい者であることが分かり、「わたしの隣人は誰ですか」、つまり「このわたしを愛してくれる人は誰ですか」と問う者、愛されたいと切に望む者であると気づくのです。

ここに、わたしたちの傷つきやすさの根があります。自分は愛される必要があるという気づきです。わたしたちの数々の傷は、愛されたと感じなかったたびに積み上げられてきたものです。

イエスは、これらの傷をチャンスに変えるよう招きます。傷とは、わたしがあなたのような人間であると気づく場、あなたに寄り添える理由、自分のアイデンティティーを取り戻すチャンスなのです。大人になるのは、誰かの傷を介抱できるようになったときです。

わたしたちは、無意識へ追いやるという大仕事をしていて、恥じることさえできなくなっています。皆と共通した自分の傷つきやすさを認めないために、人間性を退けることになりました。

では、誰がその人の隣人になったのでしょうか？　誰が寄り添ったのでしょうか？

それは、誰か分からないどんな人の傷の内にも、自分の傷、自分の愛される必要を認められた人でした。

《自己の内面に向き合うために》

＊自分の傷つきやすさを自覚していますか？

＊他者の前で立ち止まろうとしないのは、何が原因でしょうか？

29 わたしは家の主《あるじ》なのに……

自分の家で意のままにできず、自我は居心地が悪い。　†S・フロイト

ルカによる福音　10・38〜42

一行が歩いて行くうち、イエスはある村にお入りになった。すると、マルタという女が、イエスを家に迎え入れた。彼女にはマリアという姉妹がいた。マリアは主の足もとに座って、その話に聞き入っていた。マルタは、いろいろのもてなしのためせわしく立ち働いていたが、そばに近寄って言った。「主よ、わたしの姉妹はわたしだけにもてなしをさせていますが、何ともお思いになりませんか。手伝ってくれるようにおっしゃってください。」主はお答えになった。「マルタ、マルタ、あなたは多くのことに思い悩み、心を乱している。しかし、必要なことはただ一つだけである。マリアは良い方を選んだ。それを取り上げてはならない。」

わたしは子どものころ、椅子をいくつか使って想像上の空間を作るのが好きでした。それはある意味で、自分の家、私的な場所、中にいれば安全と感じられるところ、わたしの場所を表していました。私的な世界を構築する始まりだろうと思うのですが、時がたつにつれて自分でも、その想像上の空間、自分の世界、中にいると安心できる城は、抜け出せなくなる罠《わな》にもなると気づきました。

そうです、確信、しきたり、恐れなどの、自分の世界に閉じ込められてしまうことがあり得ます。ちょうどブニュエルの映画「皆殺しの天使」（一九六二年）のようです。映画の中で、ブルジョワ階級のグループがオペラの帰りに晩さん会に招かれ、グループの一夫妻の邸宅にいたときのことです。晩さん会の間に、羊の群れが家の中を通ったり、使用人が姿を消したりという奇妙なことが起こりますが、誰も意に介さず、晩さん会の終わりには、夜遅いにもかかわらず、誰も自分の家に帰りません。雑魚寝《ざこね》のようにして夜を過ごした後、翌朝になると、ドアは開いているのに家から出られない事実がはっきりします。ブニュエルはこのようにして、自分たちの妄想の中で閉ざされ、欺かれているブルジョワ階級の世界の終わりを表そうとしたのです。意味の欠如の中で死ぬ運命にあった、その世界の終わりです。

この福音の箇所も、閉じ込められてしまう恐れのある一軒の家のイメージを描いています。家は生活空間ですが、わたしたちは沈黙に耳を傾けないようにするため、この生活空間をすべきことでいっぱいにしようとすることがあります。

マルタは、いつもの行動パターンにとらわれています。それ自体はよいことなのですが、そのせいで、家の中、つまり自分の人生の中で起きていることにさえ、うわの空になっています。

落とし穴になりかねないこの家は、もう一つの場所、アブラハムとサラも閉じ込められる恐れのあった天幕を想起させます（創18・1～15参照）。その天幕でも、この夫婦を不毛から引き出すために神が客となられたのは、偶然ではありません。

この福音の箇所でも、イエスは、たくさんの気がかりに思い乱れているマルタをそこから引き出すために、客となっているのかも知れません。多くの気がかりのせいで、マルタは自分自身から、内面性から遠ざかってしまう恐れがあります。

ブニュエルの映画では、マルタの家やアブラハムの天幕で起こったようにはいかず、誰一人として家に入ることもできず、外からも近づけません。そのブルジョワ階級の世界は、そこから出るだけでなく、迎えることも一切できません。まさしくこのために、死ぬ運命にあります。ブニュエルにとって、あらゆる希望の終焉《しゅうえん》を意味しています。映画の終わりのほうで、このグループは、各自が当夜の自分の態度を再現し、やり直してみることで、自力で窮地を脱するように見えます。事実、グループは家から脱出することに成功しますが、でも、その解放は束の間であることがはっきりしてきます。感謝のミサの最後に、カテドラルで、出られないという同じ状況が現れるのです!

ブニュエルの映画とは違って、聖書は解放の希望を宣言します。しかし、解放は自分たちで起こすことはできず、予測できない思いがけない仕方でわたしたちを訪ねて来られる、他者によるものです。

アブラハムに対してであれ、マルタに対してであれ、神は一つのみことばを渡すために客となられます。この福音の箇所は、マリアがどのようにみことばに耳を傾けようとしていたかを示しています。マリアは座り、自分を明け渡す姿勢です。イエスの足もとで、従順の態度をとるかのように、より低いところに身を置いています。神がわたしたちの生活の中で発せられることばは、耳を傾け、受け入れるように求めます。ところがわたしたちは、そのことばに気づかないことが多々あるばかりか、神の存在にも気づかないのかも知れません。マルタのように、それ自体はよいことであっても、そのことに一生懸命で、うわの空になっているからです。マルタは主に仕えています。わたしたちも霊的な働きをしていながら、その陰では、神のみことばに耳を傾けないようにしていることがあります。

マルタのように、耳にしたくない何かを直観しているのかも知れません。

わたしたちは、最後までこの状態から引き出されまいとして、マルタのように他人のせいにしようとします。マルタは奉仕することで気をそらしていたいのですが、その責任をとる勇気はありません。自分を守るために、マリアに不利を招こうとします。しかしイエスは、マルタが自分の選びの責任をとるように仕向けます。各々は、自分の選びの責任をとるよう求められるのです。

客人であったイエス、たぶん予告せずにやって来たイエスから、マルタはもっと違うことば、支持や承認のことばを期待していたでしょう。

しかし、再びこの客人イエスが、思いもよらない受け入れがたい表現で、マルタを麻痺状態から揺さぶり起こし、よいことも含めて、とらわれていたいつもの行動パターンから、彼女を解放するのです。

新しさが家の中にまで入ってきたのに気づけなくなってしまったマルタを、客人であるイエスは呼び起こします。

マルタのように、わたしたちはよいことをたくさん行えます。そして、自分が行うよいことの奴隷にまでなることがあります。

マルタは、しなければならないことの中で身動きがとれなくなります。あのブルジョワ階級の家のように、マルタの家も、神にとってさえ近寄りがたくなったのです。マルタは、もう神に耳を傾けません！　ブニュエルの映画のように、カテドラルでさえ、閉じ込められてしまう場所になり得ます。

ブニュエルの映画の最後の場面では、人々が身動きできなくなっている教会の近くで、跳び回りながら草を食《は》む羊の群れが映し出されます。羊たちはいけにえ、食べられてしまうもの、そして誰にも見られずに邸宅の中を通っていたのですが、それでも自由で、生きていて、出たり入ったりすることができます。羊たちが映し出しているのは、確かに弱く無防備でいながら、自分勝手な幻想や恐れに閉じ込められることのない人類の姿です。

わたしは時おり、以前のように椅子を使って遊び、自分の家を組み立てることがあります。でも、しばらく前からは、いつも少しスペースを残していることに気づきました。どなたかが、たぶんわたしの気づかないうちに入ってこられ、恐れから引き出してくれるという希望のスペースです。

《自己の内面に向き合うために》

＊最近、誰から邪魔されたと感じましたか？

＊あなたの幻想の世界から出られるかどうか、確かめましたか？

30 父を呼び求める

思うにわたしたちは、父親が、教えることに心を砕かず、無為に過ごしていたときに教えてくれたようになる。人は、思慮分別を除いたところで養成される。

†ウンベルト・エーコ

ルカによる福音　11・1～13

イエスはある所で祈っておられた。祈りが終わると、弟子の一人がイエスに、「主よ、ヨハネが弟子たちに教えたように、わたしたちにも祈りを教えてください」と言った。そこで、イエスは言われた。「祈るときには、こう言いなさい。

『父よ、
御名が崇められますように。
御国が来ますように。
わたしたちに必要な糧を毎日与えてください。

わたしたちの罪を赦してください、
わたしたちも自分に負い目のある人を
皆赦しますから。
わたしたちを誘惑に遭わせないでください。』」

また、弟子たちに言われた。「あなたがたのうちのだれかに友達がいて、真夜中にその人のところに行き、次のように言ったとしよう。『友よ、パンを三つ貸してください。旅行中の友達がわたしのところに立ち寄ったが、何も出すものがないのです。』すると、その人は家の中から答えるにちがいない。『面倒をかけないでください。もう戸は閉めたし、子供たちはわたしのそばで寝ています。起きてあなたに何かをあげるわけにはいきません。』しかし、言っておく。その人は、友達だからということでは起きて何か与えるようなことはなくても、しつように頼めば、起きて来て必要なものは何でも与えるであろう。

そこで、わたしは言っておく。求めなさい。そうすれば、与えられる。探しなさい。そうすれば、見つかる。門をたたきなさい。そうすれば、開かれる。だれでも、求める者は受け、探す者は見つけ、門をたたく者には開かれる。あなたがたの中に、魚を欲しがる子供に、魚の代わりに蛇を与える父親がいるだろうか。また、卵を欲しがるのに、さそりを与える父親がいるだろうか。このように、あなたがたは悪い者でありながらも、自分の子供には良い物を与えることを知っている。まして天の父は求める者に聖霊を与えてくださる。」

歴史は決してわたしから始まりません。いつでも誰か先立つ人がいます。わたしが初めということはあり得ません。つねに父の存在があります！　いつも自分の知らない起源、不明であり続ける最初、自分のものにはできない過去があります。

ある古代ヘブライの物語は、神が聖書を記されるのに、どうしてヘブライ語アルファベットの二番目の文字「ベイト ב」で始めることにしたかを説明しています。この文字は右で閉じている、つまりヘブライ語で読み始めるところが閉じています。したがって、それは限界を表していました。創造の物語はそこから始まり、その「ベイト」を超えて遡ることはできないのです！

わたしが超えることのできない限界は父、自分の父です。

ヘブライの物語は続けて、どのように「ベイト」の文字から、祝福を意味することばも由来しているかを語っています。すなわち、人生上の境目、限界、それは祝福であるということです。わたしの妄想の歯止めとなります。

父親を殺す、あるいは限界を超える、これはいつの時代の人間も内に抱えている妄想です。

耐え難い、しかし避けられないこの限界は、子どもたちをむさぼり食う時間の父、「クロノス」のように残酷になります。生き延びるために、自分が生んだ日々と時間をむさぼり食わなければならない時間の姿です。

父親が限界として感じられた例は、テーベ王、ライオスです。息子オイディプスは、性的アイデンティティーを確立するとき、父をライバルと見なします。ライオスは、権力を乱用して場を奪う人、父親と認められなくなれば、殺しさえもする人です。

一方で、父親から見捨てられるのは怖い、父親はそういう人でもあります。人生の旅のように、父親は、毎日危険と欺瞞《ぎまん》をはらむ旅に出ていく人です。息子テレマコスが海を眺めながら待つ、オデュッセウスです。（訳注　ホメロスの叙事詩『オデュッセイア』では、勇者である父オデュッセウスが海を渡って帰還するのを、息子テレマコスが待っている。）

イエスが御父について語るとき、わたしたちの心にこうしたあらゆるイメージが押し寄せるのは避けられません。父親の姿はあいまいさで満ちています。父親を信頼するのはそれほどたやすくありません。信頼しなければ、求めることもありません。

人は、人生の初めにはたくさん求めます。あらゆることを求め、ひっきりなしに求めます。でも、だんだんと願いは消えていき、一人でやってみようとします。そのうち願うことが嫌になり、自立することを要求します。求めなくなるのは、たいてい疲れているから、人生に幻滅し、あてにしなくなったからでもあります。やがて望みは枯れてしまいます。

父を呼び求めるとは、そのたびに子どもの若さに返ることです。

父を呼び求めるとは、自分の歴史、自分の過去を認めること、改めて自分の名前を確認することです。

父を呼び求めるとは、自分が最初ではないということ、手が届かず自分のものにできない起源があるということです。

父を呼び求めるとは、自分が全能だという妄想を黙らせること、どのような人生であっても、それは与えられたものであり、決して自分が所有者にはなれないことを認めることです。

父親がいると認めたときに初めて、もう一度求めることができるようになります。自立と独立の妄想から癒やされて初めて、求めることができるようになります。これが、父にしか祈ることのできない理由です。「主よ、わたしたちに祈りを教えてください」とは、「主よ、わたしたちがなおも人生を信じられるように助けてください！　明日のために蓄えることのないよう、わたしを助けてください。わたしはあなたが、子の帰りを倦《う》むことなく待つ父であると知っているからです」ということなのです。

このような、人生への信頼を新たにするイメージをもって、イエスは、夜友達にパンを願うたとえも示します。しかし、注意してみると、友達と父親とではつり合いがとれていません。友達は当てが外れることがあっても、父親は違います。友達は戸を閉めることがあっても、父親は違います。友達は、友情からでなく、ただうんざりしたがゆえに起きて来てパンを与えることがあっても、父親は、たとえどんなに悪い者であっても、子どもに蛇やさそりを与えるようなことはありません。友達は友達に対して自由ですが、父親は子どもに結ばれていて、絆を解くことができません。
最近の状況からは、信頼しがたい父親の姿が見られます。わたしたちが家に戻ったら、父親が食料貯蔵室を空っぽにしていたことに気づいたのです。父親を殺そうとする誘惑が再び起こります。もう主《あるじ》ではなく、逃亡犯に過ぎないこの父親を殺したいのです。父親はもういません！　父親がもう見つからないということは、将来を思い描くことができない、自分がどのような者になるか、何になるように呼ばれているかがもう分からない、という意味です。このために、人生の中で御父を探すこと、待つこと、またはその名を呼び求めることをやめるわけにはいきません。父の名を取り除くとは、すべてが自分から始まるという、間違った思い上がりに屈することです。

《自己の内面に向き合うために》
＊父親像から、あなたの中に呼び覚まされるものは何ですか？
＊願い求めることが苦手ですか？

31 所有者はあなたではない

世界の悲劇とは、暴利をむさぼる経済という怪物を生かし太らせるために、いきおい全人類が消費者に変えられていくことだ。

†ジャック・マリタン

ルカによる福音　12・13〜21

群衆の一人が言った。「先生、わたしにも遺産を分けてくれるように兄弟に言ってください。」イエスはその人に言われた。「だれがわたしを、あなたがたの裁判官や調停人に任命したのか。」そして、一同に言われた。「どんな貪欲にも注意を払い、用心しなさい。有り余るほど物を持っていても、人の命は財産によってどうすることもできないからである。」

それから、イエスはたとえを話された。「ある金持ちの畑が豊作だった。金持ちは、『どうしよう。作物をしまっておく場所がない』と思い巡らしたが、やがて言った。

『こうしよう。倉を壊して、もっと大きいのを建て、そこに穀物や財産をみなしまい、こう自分に言ってやるのだ。「さあ、これから先何年も生きて行くだけの蓄えができたぞ。ひと休みして、食べたり飲んだりして楽しめ」と。』しかし神は、『愚かな者よ、今夜、お前の命は取り上げられる。お前が用意した物は、いったいだれのものになるのか』と言われた。自分のために富を積んでも、神の前に豊かにならない者はこのとおりだ。」

わたしが修練に入ったのは、すでに修練院の活動が開始していた十二月でした。少し心細く感じました。イエズス会の霊性についてそれほど知識がありませんでした。わたしは内気の若者で、学位を取得した翌日、ナポリからジェノバ行きの列車に乗ったのです。

修練期は、修道会を知る時期でもあり、イエズス会士としての生き方が志望者に合っているかを見るための、試みの時期でもあります。一月には、長い沈黙と祈りの期間、一か月の霊操が始まりました。その数週間についてはあまりよく覚えていないのですが、ただ一つ、強く心に残り、何年もわたしをさいなんだのは、最後に取り上げられた観想でした。『霊操』の書の終わりに聖イグナチオが勧めている祈りを、自分のものにすることが求められました。

主よ、わたしの自由のすべて、わたしの記憶、知性、意志、持っているものとわたしに備わっているものすべてを取り、受け入れてください。あなたがこれらのものをくださいましたが、主よ、あなたにお返しします。すべてはあなたのものです。あなたのお望みのままにお使いください。わたしにあなたの愛と恵みをお与えください。

それだけで十分です。

この祈りを前にして、すっかり行き詰まっていたことを思い出します。すべてを置いてきた後で、主がわたしに記憶まで、自分が誰だったか思い出せなくなる恐れのある、記憶までを求められるということは考えられませんでした。また、持っていた唯一の武器である知性、知性を備えてイエズス会にやって来たのに、その知性までも求められるとは考えられませんでした。ミサの祈りの中で、神にすべてをささげることへの情熱を分かち合った他の修練者たちの、とても前向きな姿勢に戸惑いを覚えていました。

その戸惑い、その劣等感と限界感、多くをささげたとしてもすべてはささげられないという感覚を心に抱えたまま、修練を続けました。わたしにはとても手放すことのできないものだったのです。

それから何年もたって、なんと司祭に叙階された数年後に、イエズス会士の養成のために再度修練期の体験をする期間が設けられ、若いイエズス会士として過ごした道のりの全体を読み直します。その期間に、再び一か月の霊操も組み入れられます。何年も前にどのようなことが起きたかを改めて思い出しながら、わたしはある種の心痛に襲われ、あの当惑や限界の感覚を再体験するのだろうと備えていました。

でもこのたびは、人生が、時間が、とりわけ神の愛が、その祈りを違った光で照らしました。以前自分に求められたことは、寛大な行為でもなければ、手放す行為でもなかったと分かりました。寛大な行為でなかったというのは、自分のものでなく、主ご自身がわたしにくださった何かを主にお返しすることだからです。自分で手に入れなかったのにそうなっていた、というものを主にお返しすることだからです。

一方、手放すという行為を求められたのでもありませんでした。神がわたしに与えられたものを手放すのではなく、むしろそれを神の手の内に置く、投資する、活用すること、持っているものを神の意のままに用いてもらうことだったのです。とは言っても、神は当然、わたしが持っているものをどのように生かしたらよいかを、わたし以上にご存じなのです。

勇気を出して目を開けば、ちょうどこの福音の主人公に起きたように、本当は、わたしたちは何も所有していないことに気づきます。すべては与えられたものであり、いつでも取り上げられる可能性があるのです。身体も、かかわりも、社会的な役割も、召命も、当然ながら命も。

何を自分のものと見なせるでしょうか？　人生の所有者であると思い込み、自分のものであるかのように物事に執着しながら、わたしたちは人生を送っています。実際は、愛の流れの中で、決して何も所有することなく、一瞬一瞬、絶え間なく受け取っていることに気づかないでいるのです。流れ続け、愛に変えられ続けていくように、すべては与えられています。

わたしたちは穀物倉庫を建てようという幻想を抱き、幅を利かせ、満腹することのない過食症になります。持っているという思い込みにとらわれていますが、絶えず人生は、自分の貧しさを顧みるように招いています。貧しくあるように努力することではなく、本当に貧しい者であると自覚することです。何も所有していないからです。何も自分に留めておくことはできません。

これが原初の罪であったというのはうなずけます。アダムとエバは木の実を奪いたい、園の主《あるじ》になりたいと思い、こうしてありのままの自分を打ち消します。男と女は、人生をとおして気前よく無償で与えられる賜物《たまもの》を受ける者ですが、決して所有者になることはありません。


現にわたしたちは、賜物についてゆがんだ考えを持っています。西洋人は、自分が受けたものは自分のものだと考えます。こう考えられているのは、社会的な慣習からこのように決めたためかも知れません。しかし、神とのかかわりでは違います。わたしたちは決して、神から与えられたものの所有者にはなりません。そう思わないことも、これを受け入れないこともできますが、人生の中で、必ずや自分のものにできない現実に直面することになるでしょう。

人生は愛の流れであり、そこに住むものです。罪とは、まさにこの愛の流れを遮ること、自分に留め置くこと、この流れが他者に届くのを妨げること、神がこの賜物をお望みのように用いるのを阻むことです。罪とは、穀物倉庫を建てて自分の小麦をため込み、神が、自分だけでなく他の人々をも養うためにその小麦を用いるようにさせないことです。

「わたしにすがりつくのはよしなさい」（ヨハ20・17）と、イエスはマグダラのマリアに言うことでしょう。「わたしは御父のもとから来て、御父のもとに帰る恵みなのだ」ということです。イエスは最高の賜物、留め置かれることなくわたしの心に住まわれる方です。わたしはこの方の主《あるじ》になることはできません。イエスは、アルファでありオメガ、初めであり終わり、御父のもとから来られ、御父へと帰る方です。とは言え、ミサをささげるたびに、わたしたちはこれと同じダイナミクスを生きます。すなわち、御父からいただいた賜物は、御父がこの賜物を変えてすべての人の命のために再び与えてくださるように、御父に返されるのです。

わたしたちは目を覚まして、蓄えなければならないという思い込みから解放され、住むことのできるこの愛の流れの現実に気づくしかありません。

《自己の内面に向き合うために》

＊あなたも、かき集めて自分に留め置く誘惑にさらされていますか？

＊あなたが受ける善を、どのように循環させることができますか？

32 今や、飛ぶ時！

（ジョナサンは）飛ぶことを習い、払わなければならなかった犠牲をものともしなかった。

†リチャード・バック

ルカによる福音　12・22〜32

それから、イエスは弟子たちに言われた。「だから、言っておく。命のことで何を食べようか、体のことで何を着ようかと思い悩むな。命は食べ物よりも大切であり、体は衣服よりも大切だ。烏のことを考えてみなさい。種も蒔かず、刈り入れもせず、納屋も倉も持たない。だが、神は烏を養ってくださる。あなたがたは、鳥よりもどれほど価値があることか。あなたがたのうちのだれが、思い悩んだからといって、寿命をわずかでも延ばすことができようか。こんなごく小さな事さえできないのに、なぜ、ほかの事まで思い悩むのか。野原の花がどのように育つかを考えてみなさい。働きもせず紡ぎもしない。しかし、言っておく。栄華を極めたソロモンでさえ、この花の一つほどにも着飾ってはいなかった。今日は野にあって、明日は炉に投げ込まれる草でさえ、神はこのように装ってくださる。まして、あなたがたにはなおさらのことである。信仰の薄い者たちよ。あなたがたも、何を食べようか、何を飲もうかと考えてはならない。また、思い悩むな。それはみな、世の異邦人が切に求めているものだ。あなたがたの父は、これらのものがあなたがたに必要なことをご存じである。ただ、神の国を求めなさい。そうすれば、これらのものは加えて与えられる。

小さな群れよ、恐れるな。あなたがたの父は喜んで神の国をくださる。

カモメのジョナサン・リヴィングストンは、海のごみのなかで餌をあさって過ごすふだんの生活に我慢ができませんでした。飛ぶことを学びたいと思っていました。イエスも、同じ考えのようです。わたしたちは食べるため、着るために心配しますが、本当に、これがいちばん大事なことなのでしょうか。どのような気がかりが潜んでいるでしょうか。

食べることは、聖書全体にわたって鍵となることばです。それどころか、聖書の歩み全体を、食べることへの教育という観点から読み直すことができるでしょう。実際、その歩みは、「園《その》のすべての木から取って食べなさい」という招きから始まり（神との友情は、すばらしいものごとを味わうことによります）、イエスがご自分の命を与えながら「取って食べなさい。これはわたしの体である、これは命である」と言われた招きで結ばれます。このようにして、イエスはご自分の命を与え、わたしたちが園に帰り、神がわたしたちのために備えてくださったすばらしいものごとを再び味わうことができるようにしてくださるのです。

わたしたちは、被造物と創造主の役割を取り違えることのない、秩序だったかかわりの中でだけ、天地万物を味わうことができます。ですから聖書全体は、わたしたちを養いたい、つまり命を保たせたいという、この神の望みを表しているのです。神は、わたしたちを命に向かって歩ませようとしておられます。

このことに照らしてみると、罪とは、神から命を受けるのを拒否することになります。わたしたちは、自分で命を手に入れたいのです。

罪は、別のところに命を探すという幻想、つまり命の源泉を他に探すという幻想から生じますが、わたしたちの体験によれば、御父の家を離れたところでは飢饉《ききん》、そして死があるばかりでした。そうして、まさに逃れようとしていた主人たちにしがみつくことになりました。

この食べることに対する戒めから、わたしたちがどこに命を探しているか、何がわたしたちを生かしているか、何によって生きているか、精神は何を糧としているかを問うよう促されます。

一方、「着る」ということばは、自分自身について描いているイメージを呼び起こします。食べることが本来、自分と神とのかかわりに関すること、ゆえに、かかわりが損なわれる恐れもある神とのかかわり方に関することだとすれば、着ることは、むしろ他者とのかかわり方を示すものです。

服装は、何か自分のことを語っています。

アダムとエバが、互いの間と神とのかかわりが健全でなくなり、隠れる必要を感じたときのように、自分の弱さを見せないように覆います。

ですから、衣服のために思い悩むことは、他者が自分をどう見るかを思い悩む一つのイメージです。生き延びられるように身につける、毎日の仮面を選ぶ心配のことです。

いったい、このイメージについてどれくらい思い悩んでいるでしょうか？　仮面の重さに、どれほど息苦しさを感じているでしょうか？　どれほどイメージの力に捕らわれているでしょうか?

この福音の箇所の結びで、イエスは、わたしたちがどうして自由であるのかも悟るように助けてくれます。「神は……」と語り、異邦人は思い悩んでいるけれど、あなた方には天の父がおられると言われます。神は、父親や母親が子どもたちの必要を知っているように、わたしたちの本当の必要をご存じなのです。

イザヤは、母親が自分の子どもを忘れることがあったとしても、神がわたしたちを忘れることはないと語っています。

神はこのような方です。母親であり父親です。この確かさがあるからこそ、わたしたちは自由であり、思い煩いながら別の主人にすがりつかなくてよいのです。

それよりも求めなければならないもっと偉大な何かがあります。それは、神の国、神の存在です。

《自己の内面に向き合うために》
＊今、何に飢えていますか?
＊特に心にかかっているのは、どのようなことですか?

33 望み、それとも破壊？

行って、全世界に火をともせ。

†ロヨラのイグナチオ

ルカによる福音　12・49〜59

「わたしが来たのは、地上に火を投ずるためである。その火が既に燃えていたらと、どんなに願っていることか。しかし、わたしには受けねばならない洗礼がある。それが終わるまで、わたしはどんなに苦しむことだろう。

あなたがたは、わたしが地上に平和をもたらすために来たと思うのか。そうではない。言っておくが、むしろ分裂だ。今から後、一つの家に五人いるならば、三人は二人と、二人は三人と対立して分かれるからである。父は子と、子は父と、／母は娘と、娘は母と、／しゅうとめは嫁と、嫁はしゅうとめと、／対立して分かれる。」

イエスはまた群衆にも言われた。「あなたがたは、雲が西に出るのを見るとすぐに、『にわか雨になる』と言う。実際そのとおりになる。また、南風が吹いているのを見ると、『暑くなる』と言う。事実そうなる。偽善者よ、このように空や地の模様を見分けることは知っているのに、どうして今の時を見分けることを知らないのか。」「あなたがたは、何が正しいかを、どうして自分で判断しないのか。あなたを訴える人といっしょに役人のところに行くときには、途中でその人と仲直りするように努めなさい。さもないと、その人はあなたを裁判官のもとに連れて行き、裁判官は看守に引き渡し、看守は牢に投げ込む。言っておくが、最後の一レプトンを返すまで、決してそこから出ることはできない。」

ローマの聖イグナチオ・デ・ロヨラ教会に入ることがあれば、頭を上げて、どこから天井画を眺めたらよいか、視点を定めてみてください。天井は消えて、遮るものは何もなく、窓からまっすぐに天が見えるでしょう。たくさんの小さな炎も見えます。これは神のことばの火で、イグナチオは息子たち、イエズス会士にこれを世界に運ぶよう指示していました。アーチ形天井の四隅には、火を運んで行かなければならない四大陸――その時代に知られていた四大陸――を表す四人の女性が描かれています。アーチ形天井の絵画は、壁の周りに配された、ラテン語によるルカ福音書の一節《Ignem veni mittere in terram, et quid volo nisi ut accendatur》（わたしが来たのは、地上に火を投ずるためである。その火が既に燃えていたらと、どんなに願っていることか）を描いたものです。これは、今回の福音の出だしの一節です。

火は清め、変容させるもの、という古来のシンボルです。アーチ形天井では、イグナチオは黒いスータンで描かれていますが、さらに進んで行くと、後陣ではイグナチオは白い服をまとっています。イエズス会の創立者自身、その生涯をとおして、清めの道を歩み通したのです。わたしたちが運んでいく火は、まず自分自身を変容する火です。運んでいくことばによって、まず自分が変えられないなら、どんなことばを他の人々に持って行けるのでしょうか。

世界は広がり、さらにもう一つの大陸まで発見されたというのに、まるでわたしたちは、もう何も運ぶものがないかのようです。生気を失っています。聖アルベルト・ウルタードが言っていたように、わたしたちは他の火をともすことのできる望みの火を見失ってしまいました。せいぜい、自分自身を温めるために小さな火をともしているだけです。リレーをして大陸から大陸へと渡っていく聖火トーチは、オリンピック競技の装飾的なシンボルとして残っていますが、その奥深い意味が何であるかを問う人はいません。火が消えてしまったのは、わたしたちに燃え立たせる理由がなくなってしまったからです。

ルカ福音書では、火は、危機の時にともしておく光でもあります。福音書には、現に分裂と衝突の光景が描かれています。まさにそれは光をいっそう必要とする時であり、ランプをともして待つ時です。危機の時には、自分のありのままの姿が現れてきます。自分の心に蒔《ま》いたものを、収めていたり抑えていたりできなくなる時であり、各々のありのままが明らかになります。

そうです、だからこそ平和は、融和、あるいは相違をなくすことではないのです。平和は真実から始まります。燃えている火は、自分の本当の顔を照らし出し、どこにいるかを分からせ、物事に直面して取った態度を明らかにします。火は区別し、明確にします。そこから、すなわち光から、照らし出された自分の真実の姿からこそ、もう一度、平和を作り出すことができます。すべてが不明瞭で、すべてが入り混じっている夜の闇の中では、平和はあり得ず、あいまいさと口先だけのことばがあるばかりです。

平和と火は、合わせ持つべきものです。火の発する光によって、よい麦と毒麦を見分けることができます。秩序立て、決定できるように導かれます。平和は、この明確さから始まります。イエスが取り上げている分裂は、衝突ではなく真実です。区別なくして真実はありません。これは秩序という分離、秩序づける分離であり、何かを決定する前に行うものです。一つに結び合わせるためには区別する必要があると、ジャック・マリタンは言っていました。

わたしたちの文化は、融和の誘惑、同じという平凡さ、はっきりした立場をとらないようにするポリティカルコレクトネス（訳注　人種・宗教・性別等の違いによる偏見・差別を防ぐために、中立的な表現や用語を用いること）、自分をさらけ出す恐れなどに取りつかれています。実にこうして、衝突がわだかまることになるのです。はっきりした態度をとるのはつらいことですが、そうして初めて平和が築かれます。確かに、わたしたちがはっきりした態度をとらないのは、たぶん何も言うことがないから、あるいは火が消えてしまったから、またはもう何の望みも考えもないからなのでしょう。他の火をともすはずの火種は、わたしたちの手から滑り落ちてしまいました。

聖イグナチオ・デ・ロヨラ教会のアーチ形天井には、手に鏡を持った天使がいます。これは、特に一六〇〇年代に盛んであった光学を暗示しています。教養、学識、教育のシンボルであり、火が照らし、真実と平和をもたらすのに似ています。わたしたちは今日、世界にどのような火をもたらしているのでしょうか。地雷や爆弾の火だけでしょうか。本当に、わたしたちが地上に広めることのできる火は、今となってはこれだけなのでしょうか。

《自己の内面に向き合うために》

＊かかわりの中で、あなたはどのような火をもたらしていますか？

＊どのように平和を築いていますか？

34 悪はどこから来るのか

わたしは、どこから悪が生じるかを探していましたが、説明は見つかりませんでした。

†アウグスチヌス

ルカによる福音　13・1〜9

ちょうどそのとき、何人かの人が来て、ピラトがガリラヤ人の血を彼らのいけにえに混ぜたことをイエスに告げた。イエスはお答えになった。「そのガリラヤ人たちがそのような災難に遭ったのは、ほかのどのガリラヤ人よりも罪深い者だったからだと思うのか。決してそうではない。言っておくが、あなたがたも悔い改めなければ、皆同じように滅びる。また、シロアムの塔が倒れて死んだあの十八人は、エルサレムに住んでいたほかのどの人々よりも、罪深い者だったと思うのか。決してそうではない。言っておくが、あなたがたも悔い改めなければ、皆同じように滅びる。」

そして、イエスは次のたとえを話された。「ある人がぶどう園にいちじくの木を植えておき、実を探しに来たが見つからなかった。そこで、園丁に言った。『もう三年もの間、このいちじくの木に実を探しに来ているのに、見つけたためしがない。だから切り倒せ。なぜ、土地をふさがせておくのか。』園丁は答えた。『御主人様、今年もこのままにしておいてください。木の周りを掘って、肥やしをやってみます。そうすれば、来年は実がなるかもしれません。もしそれでもだめなら、切り倒してください。』」

悪はどこから来るのか。これはわたしたちをさいなむ問いです。とりわけ不当に誹謗《ひぼう》されたと感じるとき、人生の中で苦難に直面したとき、人間の悪意の犠牲になったとき、または罪のない人々の痛みを目にして思い巡らすとき、この問いがさいなむのです。

でも、悪についてのおそらくもっとショッキングな体験というものがあります。

それはわたしたちの心の中で出会う悪で、己の深淵に降るとき——深淵に滑り落ちると言うほうがよいかも知れません——、また人生の中で己の内面にいる怪物、心の中に抱えている悪を見つめざるを得ないときに出会うのです。それははっきりしない悪、意味の喪失、自分自身や命に対するいわれのない暴力、無関心、社会の拒絶です。悪は形をとりますが、自分だけがそれに名を付けることができるのです。

この福音の箇所でイエスに尋ねる人々のように、わたしたちも自分の外に悪の意味を探しがちです。説明できない社会の退廃や、人間の悪意（ピラトが何人かのガリラヤ人を虐殺した）、または自然の不条理さ（塔の倒壊）に対して激しく攻撃しますが、自分自身が心の中に抱えている悪の意味を問うのは、ずっと慎重です。しかし、心の中に住む悪こそが永遠の死へ、決して尽きない内的な空虚へとわたしたちを連れて行くのです。

イエスは、この死の出来事をきっかけにして、もう一つの死について語ります。ガリラヤ人のグループや塔の倒壊で亡くなった人々の悲劇は、罪が原因ではありませんでしたが、わたしたちの内に住んでいる悪、罪が、命を見いだせなくしています。この悪に対してこそ、わたしたちは闘わなくてはなりません。心の中に抱えている悪が命を奪い、ぶどう園に植えられている実を結ばなくなったいちじくのように、わたしたちを不毛な者とします。

聖書では、ぶどう園はイスラエルのイメージとして用いられることが多く、このためにまた、神の子一人ひとりのイメージでもあります。このぶどう園に、神はいちじくを植えました。いちじくは、イスラエルの民、ひいては人間一人ひとりに贈られた律法のシンボルです。今や、心に植えられたこの律法は、実を結ばなくなっています。律法とは、種を蒔《ま》く人がわたしたちの内に蒔いた神のことばですが、わたしたちはこれを覆いふさぎ続けています。「もう三年もの間、このいちじくの木に実を探しに来ている」と主人が言っているとおりです。

イエスは倦《う》むことなく、わたしたちの人生に善の実を探しに来ます。三年は、イエスの使命を暗示していると考えられます。ちょうど、園丁／イエスが、ぶどう園の主人に願うもう一年は、ナザレの会堂でイエスが告げた恵みの年であるように（ルカ4・19）。

わたしたちは、ぶどう園を造られた御父の賜物《たまもの》と、忍耐強く木の手入れをする御子の行為の間の、この対話の中に生きています。御父の望みは、わたしたちの命が豊かになることです。いつでしょうか？　分かりません。実を結ぶかどうか、ゆくゆく分かるでしょう。園丁は一年を願いました。そしてぶどう園の主人は、永遠をくださいます。

《自己の内面に向き合うために》

＊自分の内に住んでいる悪に、どのような名を付けることができますか？

＊どのような回心の歩みをしたら、あなたの命は豊かになるでしょうか？

35 愛には扉が必要

ドアが開くようにしたいなら、回転軸がしっかりしていなくてはならない。

†ルートヴィヒ・ウィトゲンシュタイン

ルカによる福音　13・22〜30

イエスは町や村を巡って教えながら、エルサレムへ向かって進んでおられた。すると、「主よ、救われる者は少ないのでしょうか」と言う人がいた。イエスは一同に言われた。「狭い戸口から入るように努めなさい。言っておくが、入ろうとしても入れない人が多いのだ。家の主人が立ち上がって、戸を閉めてしまってからでは、あなたがたが外に立って戸をたたき、『御主人様、開けてください』と言っても、『お前たちがどこの者か知らない』という答えが返ってくるだけである。そのとき、あなたがたは、『御一緒に食べたり飲んだりしましたし、また、わたしたちの広場でお教えを受けたのです』と言いだすだろう。しかし主人は、『お前たちがどこの者か知らない。

不義を行う者ども、皆わたしから立ち去れ』と言うだろう。あなたがたは、アブラハム、イサク、ヤコブやすべての預言者たちが神の国に入っているのに、自分は外に投げ出されることになり、そこで泣きわめいて歯ぎしりする。そして人々は、東から西から、また南から北から来て、神の国で宴会の席に着く。そこでは、後の人で先になる者があり、先の人で後になる者もある。」

わたしたちは当てが外れたり、うまくいかなかったりしたとき、神が一つの扉を閉めたのなら、もっと大きな扉を開けてくれるだろうと考えてあきらめます。力を落とさないように必死で理由を探している人が、藁《わら》にもすがる思いでいるところに水をさしたくはないのですが、扉はたびたびわたしたちの前で開いていたのに、見ないようにしていたのではないかとわたしには思えるのです。

ハーバート・ジョージ・ウェルズの小説『塀にある扉』に、少し似ています。この小説では、不思議な扉を見つける少年の話が語られています。その扉を開けるとすばらしい園《その》、ほんの一時そこにいるだけで幸せになれる美しい園があります。翌日、少年はもう一度その扉を探しますが、見つかりません。それから何年かにわたって、扉は繰り返し現れます。

しかし、主人公はいつも、急ぎのことにかまけているのです。

このイメージは、他の人の心を訪れるための戸口にも当てはまらないでしょうか。健全なかかわりには必ず、ノックする戸口があるものです。

ある人は、中にある家具に他者が気づかないのではないかと懸念して、自分の玄関の扉をちょうつがいごと外そうとします。しかしこれは、壊滅的な結果になりがちです。というのも、他者は許可なく入って部屋を荒らし、しかも都合の悪いときにやって来るからです。反対に、入り口に防壁を張ろうとする人もいます。防壁を組み合わせまでした挙げ句、時がたって、自分でも組み合わせを忘れてしまうことがあります。このような家には、亡霊が棲《す》むのです。他者の戸口はちょくちょく目の前を通り過ぎますが、わたしたちは階段を上ったり許可を得たりしないで済むように、広場で出会うほうを好みます。その後、戸口は消えてしまい、わたしたちはノックしなかったことを悔やむのです。

福音書でイエスは、かかわりを持つための基本的な通過点として、扉についてたびたび語っています。パンをもらうためにたたくのをやめてはならない友人の戸、いつでも開いている御父の家の戸口、羊の囲いの門、かかわりの中では自由なので出たり入ったりできる門などです。いつも開かれているこの扉は、迎え入れる人のイメージであるばかりでなく、閉じ込めようとしない人のイメージでもあります。現にわたしたちは、他者が入って来るままにしておきながら、後で、その人が出て行けないようにすることがあるのです！

イエスはご自分のことを戸口、門として語ります。それは、わたしたちの人生で、時にタイミングが悪いと思えるときに現れる、園への入り口です。戸口はいつも開いているとは言っても、入ろうと決めることも必要です。あわれみには際限がありませんが、あわれみを求めなければなりません。

わたしたちが締め出されたとしても、一概に、戸口がなかったせいにすることはできません。戸口が狭いなら、隠修士の修室の入り口のように、かがまなくてはなりません。隠修士はこうして日々、ただ謙遜によって、神とのかかわりが持てることを忘れないようにするのです。

誰かの家に入るために条件があるのは当然です。自分のものでない場所、自分に差し出されているとしても、知らない場所に入るからです。

イエスとのかかわり同様、他者とのかかわりにおいても、自分の思うままに振る舞うことはできません。かかわりの中では、自分だけが主《あるじ》ということはあり得ないからです。

狭い戸口で思い起こすのは、他者の家に入れるよう、エゴをもう少し小さくしなければならないということです。エゴがあまりにのさばっているなら、また、中心にあるのはいつでも自分だけ、自分の関心や自分の時だけであるなら、他者の人生を訪れるための戸口から入るには、いつでも自分が大き過ぎです。しまいには外にいるしかなくなります。

先の人は、後に回らなければ、狭い戸口から入ることはできないでしょう。知っているといううぬぼれを全部持っているからです。イエスとのかかわりを持つためには、自分の確信を捨てなければなりません。イエスはユダヤ人について触れ、彼らは真っ先に、戸口であるキリストに出会ったのに、かたくなものの見方によって鈍くなり、入れなかったと語っています。それに引きかえ、後の人は何も失うものがありません。裸になってしまうほど、多くを失ったからです。

《自己の内面に向き合うために》

＊キリストの戸口をノックしたことがありますか、または、広場で出会うことで満足していますか？

＊あなたの家に入るための戸口は、どのようなタイプの戸口ですか？

36 人生がフォトショップなら！

ビュッフェの始まるところで、文明が滅びる。
†作者不詳

ルカによる福音　14・1〜14

安息日のことだった。イエスは食事のためにファリサイ派のある議員の家にお入りになったが、人々はイエスの様子をうかがっていた。そのとき、イエスの前に水腫を患っている人がいた。そこで、イエスは律法の専門家たちやファリサイ派の人々に言われた。「安息日に病気を治すことは律法で許されているか、いないか。」彼らは黙っていた。すると、イエスは病人の手を取り、病気をいやしてお帰しになった。そして、言われた。「あなたたちの中に、自分の息子か牛が井戸に落ちたら、安息日だからといって、すぐに引き上げてやらない者がいるだろうか。」彼らは、これに対して答えることができなかった。

イエスは、招待を受けた客が上席を選ぶ様子に気づいて、彼らにたとえを話された。

「婚宴に招待されたら、上席に着いてはならない。あなたよりも身分の高い人が招かれており、あなたやその人を招いた人が来て、『この方に席を譲ってください』と言うかもしれない。そのとき、あなたは恥をかいて末席に着くことになる。招待を受けたら、むしろ末席に行って座りなさい。そうすると、あなたを招いた人が来て、『さあ、もっと上席に進んでください』と言うだろう。そのときは、同席の人みんなの前で面目を施すことになる。だれでも高ぶる者は低くされ、へりくだる者は高められる。」

また、イエスは招いてくれた人にも言われた。「昼食や夕食の会を催すときには、友人も、兄弟も、親類も、近所の金持ちも呼んではならない。その人たちも、あなたを招いてお返しをするかも知れないからである。宴会を催すときには、むしろ、貧しい人、体の不自由な人、足の不自由な人、目の見えない人を招きなさい。そうすれば、その人たちはお返しができないから、あなたは幸いだ。正しい者たちが復活するとき、あなたは報われる。」

人生は、やむなく招かれた盛大な宴会で、そこで出される料理は必ずしも好みに合うわけではありません。

まるで結婚披露宴のように、時々、わたしたちは飢えた目つきでこの宴会にやって来ます。行儀作法は棚に上げて、ビュッフェ・テーブルの前のいちばんいい席に落ち着くために、格好の場所を探します。揚げピザに夢中になるあまり、顔を上げようともしません。花婿と目が合ってしまうおそれもあるのです。わたしたちはこの人生に飛び込み、見つけるすべてのものをむさぼります。このように、自分の内にかかえる空虚の感覚は深いものがあります。今晩、少し苦しさを和らげてくれる消化剤を頼みにして。

多少の差はあっても、わたしたちは皆、画像や映像に飛びつき、報いや愛情をむさぼります。皆、宴会で上席を探します。上席から離れたところに座るのを甘んじるとしたら、それはただ、ビュッフェへ走る競争に敗れたからです。

わたしたちは人生で居心地のよい席を探し、また、人々の心の中に席を探します。特に、認められ、充足感が得られるためによい席を探します。毎日、世間が安心させてくれるように願い、他者の期待に応えて評価されようとします。

それに引きかえ、末席に着く人は、落ち着いて目を上げることができます。ありのままの姿でいるので、貧しい者と見られることを恐れません。そのため、花婿と視線が合うことを怖がりません。というのも、花婿はいちばん先にへりくだった方、神と等しい者であることに固執しようとは思わなかった方、自分のために石をパンに変える特権を拒まれた方、宿屋に場所がなかったけれど、ゴルゴタだけには場所を見つけた方、十字架の上でだけ高められた方なのです。

上席に着こうとする人々は、毎日、そそのかしと欺きの重い仮面をかぶるのにやっきになって生きています。不安を隠そうと気に病んで生きているので、決して自分自身ではありません。まるで毎日、人生のフォトショップで働かなければならないかのようです。ロヨラのイグナチオが、真の誘惑について、豊かさは誘惑の第一段階に過ぎず、豊かさよりずっと大きい誘惑は虚栄心（自分の偽のイメージを示す）にあり、さらに大きい誘惑は傲慢（自分を他者より優れた者と見なす）にあると見ていたのは、なんと先見の明があったことでしょう！

人生が盛大な宴会のようなものだとすれば、時々、わたしたちが宴会を準備するように呼ばれるというのも本当です。誰かのために宴会を催す責任を決して負うことなく、宴会場から宴会場へ、レセプションからレセプションへと回りながら、人生を過ごすのが好きな人がいるのも事実です。そういう人生は、ある時突然、意味がないことがあらわになるもの、はちきれんばかりにお腹がいっぱいになっている人生です。その人々は、もはや狭い門を通ることができなくなるほど尊大になっていきます。ところが人生は、もてなしを受けることから、もてなす者になっていくよう、絶えず求めます。これが、愛のダイナミクスです。わたしたちは、持ちつ持たれつの関係を西洋的な民主主義の基本的価値としたのですが、相互依存は福音にとっては価値ではなく、愛をゆがめるものなのです！　わたしたちが用意する宴会は、得をする場ではなく、お返しをする場です。かかわりの中で、それが日々のかかわりであっても、わたしとあなたの間で、損得が引き合うかどうかを見る裏の顔があるのは、本当に悲しいことです。それはもはや、かかわりがかかわりでなくなっているしるしです。

人生は日々愛の宴会で、わたしのパーティーの催し方は、愛し方をとてもよく語っている、わたしが誰かを語っていると思います。少数の親しい人のための宴会、その地域のパーティー、外交のレセプション、家族のだんらんの時……などがあります。わたしは誰に、ボールルームのドアを入ることを許すのでしょうか？

この関係には、どんな得があるか？　これはパーティーを台無しにする問いです。招待客リストに、目の見えない人や足の不自由な人がいないとしたら、人生はパーティーではなく、取引の集まりです。イエスの時代には、目の見えない人や足の不自由な人は、神殿での儀式から締め出され、聖なる場所さえ、取引の場になっていたのです！　そうです、わたしたちは毎日、人生をパーティーにしたいか、仕事の集まりにしたいか、いつも決めることができるのです。

《自己の内面に向き合うために》

＊人生という盛大な宴会で出される料理に対してどのような距離をとっていますか？

＊今日のあなたのパーティーに、誰を招きましたか？

37 どこに行くかは自分で決める

人は、負わされた重荷を振り落とすこともできる。しかし、そうすることで重荷から解放されることは断じてなく、むしろずっと重く、耐え難い重荷を担わなければならない。みずから選んだ、自分自身というくびきを担うのだ。

†D・ボンヘッファー

ルカによる福音　14・25～33

大勢の群衆が一緒について来たが、イエスは振り向いて言われた。「もし、だれかがわたしのもとに来るとしても、父、母、妻、子供、兄弟、姉妹を、更に自分の命であろうとも、これを憎まないなら、わたしの弟子ではありえない。自分の十字架を背負ってついて来る者でなければ、だれであれ、わたしの弟子ではありえない。

あなたがたのうち、塔を建てようとするとき、造り上げるのに十分な費用があるかどうか、まず腰をすえて計算しない者がいるだろうか。そうしないと、土台を築いただけで完成できず、見ていた人々は皆あざけって、『あの人は建て始めたが、完成することはできなかった』と言うだろう。また、どんな王でも、ほかの王と戦いに行こうとするときは、二万の兵を率いて進軍して来る敵を、自分の一万の兵で迎え撃つことができるかどうか、まず腰をすえて考えてみないだろうか。もしできないと分かれば、敵がまだ遠方にいる間に使節を送って、和を求めるだろう。だから、同じように、自分の持ち物を一切捨てないならば、あなたがたのだれ一人としてわたしの弟子ではありえない。」

この夏、若いふりをして、四十歳の軽はずみからカヌーのスリルを味わおうとしたのですが、波間での出合い頭に、ゴムボートに穴を開けないためには、どこに行きたいかをしっかりと決めることが人生にとってどんなに大事であるかに気づきました。にもかかわらず、わたしたちはしょっちゅう流れに運ばれるほうを好み、漕ぐ努力を避けます。想定外で浜辺に打ち上げられて嘆くのは別としても。人生は、絶えず決めることを求めます。人生の歩みを進めるにつれて、「決める（decidere）」という語と「断ち切る（recidere）」という語とが調和するという意味を、もっとよく分かるようになります。断ち切ることなしに、選ぶことはできないのです。毎日の平凡な選びもあれば、突きつけられる選びもあり、何かを築き上げるためにしなければならない決意（「あなたがたのうち、塔を建てようとするとき……」）や、生きる助けにならないものと戦う決意もあります（「また、どんな王でも、ほかの王と戦いに行こうとするときは……」）。

わたしたちはふだん自由でないので、なかなか人生で決心できません。ひっきりなしに束縛するつながりがあるからです。つながりが強制的な命令法になるなら、わたしをつなぎ止めて！　に変わり、つながりはもう健全でなくなります。人生の大事なかかわりによってわたしたちの自由が制限されるなら、それは健全なかかわりではないということです。気をつけてください。誰かを世話すると決め、その人に仕えるために人生を費やすと決めることはできますが、それを選んだのは自分でなければならないのです！　耐え忍ぶつながりであるなら、奴隷になります。他者の存在を辛抱している状況なのに、その人の世話ができて光栄だと勘違いしていることが、あまりに多くあります。

さらにわたしたちがなかなか決心できないのは、もう答えが分かっているつもりでいて、人生から来る問いかけに誠実に向き合わないからです。イエスは、大勢の人がイエスに向かって来たとき、はっきりと、彼の後ろについていく必要があると言います。誰か、または何かに向かって行く人は、もう方向を決めていますが、後ろにつく人は連れて行かれます。

信仰生活でも、信徒が神のことを何でも分かっているつもりになるとき、自由でなくなります。自分が選んでおいてから、神に向かって行き、その選びに神がいてくださるよう求めます。しかしイエスは、わたしたちが自分の後ろにいるよう招きます。彼がどこに足を置くかを眺め、驚かされるように招くのです。そのとき弟子は、イエスがどこに足を置くかを眺める人、イエスが歩いているのを見る人です。未来も、どのような状況であっても、このようです。弟子は、この状況でイエスはどこに足を置かれるだろう、と考えるでしょう。

真の弟子とは、決めることができるように、絶えず自分を自由にする人です。ロヨラのイグナチオは、面白い表現を使っています。選ぶためには不偏心になる必要があると言っているのです。ひょっとすると感情の動きに隠れた心の中で、どこに行きたいかを決めてしまっているなら、これから選ばなければならないふりをしても無駄なことです。

自由は、裸であることによっても得られます。自分から解放されたときだけ、わたしたちは決心することができます。「自分の十字架を背負ってついて来る者でなければ」と、イエスが十字架と決意とを結びつけていることを見過ごすことはできません。自分を自由にして決意する弟子は、十字架を背負う人です。ですから十字架は、がまん強く抱きかかえなければならない、ふりかかる災難ではありません。十字架は選びの基準です！　十字架は、明らかに福音の道理です。十字架を背負うことは骨が折れるというのは、日々、この世の基準でなく、福音の道理にしたがって選ぶことが厳しいという意味です。

わたしたちは絶えず選ぶように呼ばれ、したがって絶えず一つの基準をもつ（自分に負う）ように呼ばれています。しかしボンヘッファーが言うように、十字架を基準として背負わなければ、必然的に別の、疑いなくもっと重い基準、自分の自我という基準を担うことになるのです。

神は、担う神である。神の子はわれわれの肉体を担い、したがって十字架を、したがってわれわれのあらゆる罪を担い、この担うことで和解をもたらした。このために、弟子として従う人も、担うように呼ばれている。キリスト者であるとは、この担うことにある。キリストが、担うときに御父との交わりを保っているように、弟子として従う人が担うのも、キリストとの交わりの内である。人は、負わされた重荷を振り落とすこともできる。しかし、そうすることで重荷から解放されることは断じてなく、むしろずっと重く、耐え難い重荷を担わなければならない。みずから選んだ、自分自身というくびきを担うのだ。

《自己の内面に向き合うために》

＊人生のこの時期に、大事な決断を下さなければならないことがありますか？

＊決意したことの前で、自由と感じますか、身動きできないと感じますか？

38 破綻したかかわりを癒やす

子どもっぽい愛は、愛されているから愛する、という原則に従う。成熟した愛は、愛しているので愛されている、という原則に従う。

†E・フロム

ルカによる福音　15・1～4、8、11～32

徴税人や罪人が皆、話を聞こうとしてイエスに近寄って来た。すると、ファリサイ派の人々や律法学者たちは、「この人は罪人たちを迎えて、食事まで一緒にしている」と不平を言いだした。そこで、イエスは次のたとえを話された。「あなたがたの中に、百匹の羊を持っている人がいて、その一匹を見失ったとすれば、九十九匹を野原に残して、見失った一匹を見つけ出すまで捜し回らないだろうか。（……）あるいは、ドラクメ銀貨を十枚持っている女がいて、その一枚を無くしたとすれば、ともし火をつけ、家を掃き、見つけるまで念を入れて捜さないだろうか。（……）

また、イエスは言われた。「ある人に息子が二人いた。弟の方が父親に、『お父さん、わたしが頂くことになっている財産の分け前をください』と言った。それで、父親は財産を二人に分けてやった。何日もたたないうちに、下の息子は全部を金に換えて、遠い国に旅立ち、そこで放蕩の限りを尽くして、財産を無駄遣いしてしまった。何もかも使い果たしたとき、その地方にひどい飢饉が起こって、彼は食べるにも困り始めた。それで、その地方に住むある人のところに身を寄せたところ、その人は彼を畑にやって豚の世話をさせた。彼は豚の食べるいなご豆を食べてでも腹を満たしたかったが、食べ物をくれる人はだれもいなかった。そこで、彼は我に返って言った。『父のところでは、あんなに大勢の雇い人に、有り余るほどパンがあるのに、わたしはここで飢え死にしそうだ。ここをたち、父のところに行って言おう。「お父さん、わたしは天に対しても、またお父さんに対しても罪を犯しました。もう息子と呼ばれる資格はありません。雇い人の一人にしてください」と。』そして、彼はそこをたち、父親のもとに行った。

ところが、まだ遠く離れていたのに、父親は息子を見つけて、憐れに思い、走り寄って首を抱き、接吻した。息子は言った。『お父さん、わたしは天に対しても、またお父さんに対しても罪を犯しました。もう息子と呼ばれる資格はありません。』しかし、父親は僕たちに言った。『急いでいちばん良い服を持って来て、この子に着せ、手に指輪をはめてやり、足に履物を履かせなさい。それから、肥えた子牛を連れて来て屠りなさい。食べて祝おう。この息子は、死んでいたのに生き返り、いなくなっていたのに見つかったからだ。』そして、祝宴を始めた。

ところで、兄の方は畑にいたが、家の近くに来ると、音楽や踊りのざわめきが聞こえてきた。そこで、僕の一人を呼んで、これはいったい何事かと尋ねた。僕は言った。『弟さんが帰って来られました。無事な姿で迎えたというので、お父上が肥えた子牛を屠られたのです。』兄は怒って家に入ろうとはせず、父親が出て来てなだめた。しかし、兄は父親に言った。『このとおり、わたしは何年もお父さんに仕えています。言いつけに背いたことは一度もありません。それなのに、わたしが友達と宴会をするために、子山羊一匹すらくれなかったではありませんか。ところが、あなたのあの息子が、娼婦どもと一緒にあなたの身上を食いつぶして帰って来ると、肥えた子牛を屠っておやりになる。』すると、父親は言った。『子よ、お前はいつもわたしと一緒にいる。わたしのものは全部お前のものだ。だが、お前のあの弟は死んでいたのに生き返った。いなくなっていたのに見つかったのだ。祝宴を開いて楽しみ喜ぶのは当たり前ではないか。』」

ホメロスから赤ずきんに至るまでずっと、人生は、道に迷うこともある旅のように思われています。

現実には、ただ探してもらうことを必要としているときもあります。わたしたちはおびえ、疲れて、叫び出します。誰かが聞きつけ、自分が生きていることにやっと気づいてくれるように。まるでイエスが語っている迷った羊のようです。また、単に忘れられてしまい、誰かが見つけようとしてくれるのを待つしかないときもあります。罪もなく、声も出せないドラクメ銀貨のようです。

さらに自分が姿を消したかかわりがあります。立ち去ろうと決めたから、あるいは、ひょっとしてかかわり続けていながら、実は、心は別のところにあったからです。自分だけが戻ることを決められるかかわりです。ちょうど、たとえ話の二人の息子のようです。このたとえ話が締めくくられていないのは偶然ではなく、わたしたちが決めるのを待っているかのように開かれたままです。

あるかかわりから遠ざかったのは、身動きできないと感じていたからかも知れません。愛は要求が多く、てこずります。海を知りたがっている塩の人形のようです。塩の人形は、自分が溶けることなしには、少しばかり自分自身を手放すことなしには、愛することも愛されることもできないと学んでいくでしょう。自分自身を手放すまいとする人、自分のエゴを崇拝して生きる人は、決して愛そうとしないでしょう。

たとえ話の弟は父親を望みません。彼は、わたしたち一人ひとりの内に住んでいて、自律を要求する、反抗する子どもです。絆を持たずに愛を享受できるという錯覚に生きています。責任なしに愛情を求める現代の人です。弟は痛い目に遭って初めて、他者との絆があってこそ、愛したいという必要がかなえられることを学ぶのです。

わたしたちは愛情に飢えているので、弟がある雇い主にすがるように、最初に見つけた食べ物にとびつく危険があります。また弟のように、相変わらず自分の枠組みを持ち出すことがあります。現に弟は、かかわりを持つには僕《しもべ》でいなければならないと考えます。彼をしもべにしておくのは父親ではなく、自由を失わなければ愛せないという自分の思い込みです。これが、治らなければならない病です。この病が治るのは、いつでも命を祝おうとしてくれる誰か、支配しようとせずに愛してくれる誰かに出会ったときだけです。

父親はこの出会いを待ちながら過ごしました。遠くから見つけたというのは、息子が出て行ってから、ずっと心の中で探し続けてきたからです。父親は自由というセラピーで息子を癒やします。彼を着替えさせ、尊厳を取り戻し、彼の弱さにこだわりません。まるで人が裸でいるのを見たくないという恥ずかしそうなまなざしで、罪の後にアダムとエバに衣を着せられた神のようです。指に指輪、財産所有権を示す印章の入った指輪をはめます。いかにも、なおも騙《だま》されるつもりでいるかのよう、まだ彼を信頼していると安心させたいかのようです。履物を履かせます。このかかわりの中では、僕ではなく自由な人としてあるべきだからです。そしてとりわけ、父親は息子のために宴会を準備し、その命を祝います。お前が生きていてうれしい、いっしょにいてくれて幸せだ、お前の命のゆえに賛美をささげる！　という祝いです。

ところで、かかわっているふりをしていただけのとき、かかわりに戻ることは、ずっと難しいものです。兄の姿から大いに思い起こされるのは、わたしたちの内によく生きている同調する子どもです。立ち去る勇気のないとき、わたしたちは妥協を模索します。真実が明かされるチャンスが訪れるまで黙って苦しみます。兄のように、わたしたちも家の外に留まっていました。たぶんその関係に一度も入ったことがないのかも知れません。

兄は自分の内に怒りをつのらせていて、状況が実際のところどうなっているかを見ることもできないほどです。兄のように、わたしたちも一面的なとらえ方をして、何もかもいっしょくたにしてしまいます。一度は子山羊がなかったのかも知れませんが、怒りの中で兄は、自分のために子山羊は一度も与えられなかったと感じています。兄の姿から想起するのは、わたしたちの内によく住んでいる、怒れる思春期の若者です。比べることだけで過ごす、比較する、他の人と張り合うといった、思春期の若者なのです。わたしたちの内に住む兄は、怒り、落ち込んで、他者のために祝宴をすることができません。弟に与えられたものは全部、彼から奪われたものに思えるのです。

兄もまた、和解を必要としています。そこで、父親は彼のためにも出てきます。どのように和解することができるのでしょうか。破綻したかかわりは、どのようにケアしたらよいのでしょうか。

父親は兄に対して、義務感を持たせるのでなく、その怒りを月並みなものととらえず、比較ばかりする傾きを皮肉ったりしません。父親はとても繊細に見えます。弟に、父親は服、指輪、履物、子牛を与えたとすれば、兄には自分の心を与えるのです！　そうです、相手に自分自身の大切な何かを与えることなしに、和を結ぶことはできないからです。和解とは、概念でもなければ、たった一言でもありません。和解は、生身で果たすのです。かかわりに戻るよう、誰もあなたを強制することはできません。かかわりに戻ることは、いつでも決断すべきことであり、誰も取って代われないあなたの決断です。このために、たとえ話は開かれたまま結ばれています。あなたが、入るか外にとどまっているかを決めるためです。

《自己の内面に向き合うために》

＊羊、銀貨、息子たち……いろいろな迷い方があります。あなたは、これらのイメージのどれかにあてはまりますか？

＊人生のこの時期に、始めなければならない和解の歩み、または自分から手を差し伸べる和解の歩みがありますか？

39 区切りをつけよう

富、権力、安全、健康、行動主義を誇示するのは、すべて、手の内にとどめ置くことのできない、時というものに対する苦悩を追い払う方便である。

†C・M・マルティーニ

ルカによる福音　16・1～15

イエスは、弟子たちにも次のように言われた。「ある金持ちに一人の管理人がいた。この男が主人の財産を無駄遣いしていると、告げ口をする者があった。そこで、主人は彼を呼びつけて言った。『お前について聞いていることがあるが、どうなのか。会計の報告を出しなさい。もう管理を任せておくわけにはいかない。』管理人は考えた。『どうしようか。主人はわたしから管理の仕事を取り上げようとしている。土を掘る力もないし、物乞いをするのも恥ずかしい。そうだ。こうしよう。管理の仕事をやめさせられても、自分を家に迎えてくれるような者たちを作ればいいのだ。』そこで、管理人は主人に借りのある者を一人一人呼んで、まず最初の人に、『わたしの主人にいくら借りがあるのか』と言った。『油百バトス』と言うと、管理人は言った。『これがあなたの証文だ。急いで、腰を掛けて、五十バトスと書き直しなさい。』また別の人には、『あなたは、いくら借りがあるのか』と言った。『小麦百コロス』と言うと、管理人は言った。『これがあなたの証文だ。八十コロスと書き直しなさい。』主人は、この不正な管理人の抜け目のないやり方をほめた。この世の子らは、自分の仲間に対して、光の子らよりも賢くふるまっている。そこで、わたしは言っておくが、不正にまみれた富で友達を作りなさい。そうしておけば、金がなくなったとき、あなたがたは永遠の住まいに迎え入れてもらえる。

ごく小さな事に忠実な者は、大きな事にも忠実である。ごく小さな事に不忠実な者は、大きな事にも不忠実である。だから、不正にまみれた富について忠実でなければ、だれがあなたがたに本当に価値あるものを任せるだろうか。また、他人のものについて忠実でなければ、だれがあなたがたのものを与えてくれるだろうか。

どんな召し使いも二人の主人に仕えることはできない。一方を憎んで他方を愛するか、一方に親しんで他方を軽んじるか、どちらかである。あなたがたは、神と富とに仕えることはできない。」

　金に執着するファリサイ派の人々が、この一部始終を聞いて、イエスをあざ笑った。そこで、イエスは言われた。「あなたたちは人に自分の正しさを見せびらかすが、神はあなたたちの心をご存じである。人に尊ばれるものは、神には忌み嫌われるものだ。」


手中にあるこの人生で、わたしは何をしているのだろうか?

　この問いが避けられない人生の時期があり、またこの問いを耳にしたくない時もあります。時々分かろうとして、自分自身で立ち止まる必要を感じます。でもある時には、思いがけず危機の時が訪れ、望まずして突然鏡の前に立たされ、自分がどのようになったかが分かります。ちょうどこの福音の管理人が、たぶん突然、不正であったことが発覚したように。

　手中にあるこの人生は、結局はいつも不正な富です。人生は決して自分のものにならないからです。わたしたちは人生に居合わせたのです。時には、気に入らないことさえあります。時折、わたしたちは大勢のミダース王、飢えているのに食べるのがままならない多くの王のようです（訳注　ギリシア神話。触れたものを黄金に変える力を得たミダース王は、食べ物も黄金になるので何も口にできなくなった）。つまり、すべてがとても貴重に思えるので、決してそれをうまく生かせないのです。人生は、自分がそれに値しないと感じるほど、気高く、触れることができないものに思えます。わたしたちは王でありながら、飢え死にします。しかし別の時には、はちきれるほど餌を詰め込むガチョウや、自分がどうなるかも知らずに餌を与えられるままの豚のようになることもあります。

この人生が本当に意味を持ち始めるのは、いつなのでしょうか?

ルカが、この抜け目のない管理人のたとえ話を、あわれみ深い父親のたとえ話の直後に入れたのは偶然ではないでしょう。このたとえ話は、本当はあの父親が、準備した祝宴の中で二人の息子に語った話だと考えるのが、わたしは好きです。

わたしたちのように、あの二人の兄弟も、自分の人生はどのような意味があるかを考えていました。そして最初のうちは、人生に意味を持たせるためには、取ろうとし、つかもうとし、儲《もう》けようとしなければならないと思っていました。

弟は、自分がもらうことになっていた財産の分け前を取り、人生を権利のようにとらえていました。しかし、人生の意味はそこにはありませんでした。ほどなく飢饉《ききん》が襲い、獲得したと思っているものは、自分を満たさなくなってしまいます。兄は、自分の富を守るために居残り、失うことを恐れて離れません。しがみつき、しがみつくことで消耗します。所有していると思っているのに、自分が所有されていることが明らかになります。二人の息子のどちらも、父親が命を与えるためにみずからを分けた所作には注目していませんでした。つまり、「財産を二人に分けてやった」と記されている、財産（訳注　原語 sostanza は実体の意もある）ということばは、哲学用語ではとても重要で、実体とはわたしの全体、つまり命、本質を表します。息子たちはそのことに気づきませんでしたが、父親は彼らに人生の秘訣を示し、本当の遺産を渡していたのです。それは、自分を分かつことが必要だということ、自分のために取っておかないということです。

この抜け目のない管理人のたとえ話を、父親が息子たちに語った話だと考えるのが好きなのは、こういうわけです。この管理人が本当に不正を働いていたのか、あるいは、実際は誰かがねたんで彼のことを悪く言ったのか、分かりません。しかし現にこの管理人は、誰にでも起こり得るように、突然に根本的な問い、自分の人生で何ができるかという問いに直面するのです。抜け目のない管理人は、人生を方向転換するにはクリエイティブであることも必要だと教えます。わたしたちは何もかもすることはできません。可能性が無限に開かれているわけではありません。抜け目のない管理人は、現実の原則に忠実であり続けるよう教えます。つまり自分に能力のないこと、または可能性のないことがある、ということです。でも別のシナリオを考え出すこと、想像することはできます。可能性のある新しい道を生み出すことができます。

二人の息子の父親のように、管理人もまさしく危機の時に、人生の秘訣を見いだします。自分の存在に意味を持たせるためには、与えること――帳消しにすること（訳注　帳消しにするというイタリア語を分解すると、「与える―ことで」となる）が必要なのです。父親が財産を分けて与えるように、管理人は自分のものでないものまでも与えます。これが、この二つのたとえ話をいっしょにしておくべき理由です。どのようにしてこの結論に至ったかが大切なのではなく、大切なのは、自分が与え始めるとき、自分自身のために取っておくことをしなくなるとき、そのとき初めて、人生に意味を持たせ始めると理解したことなのです。

管理人のたとえ話は、一人ひとりの人生に大なり小なり起こるのと似た道のりを示しています。第一に、わたしたちは報告するように呼ばれる時があります。自分から進んでか、せざるを得ない状況になって、人生で何をしているかをみずからに問わねばならない人生の時です。そのときにはこの管理人のように、何をしようかと自分に問いましょう。これは、識別への道を開く問いです。自分が何に執着していたか、何を捨てたくないか、そしてまた、生き続けるためには何から自由にならなくてはならないかを見いだすようにする問いです。この福音の箇所が、神か富か、与えるか所有するか、自由か執着か、という二者択一を求めるイエスの招きで結ばれているのは不思議ではありません。このようにしてのみ、迎えてもらうことを願うという、道のりのゴールに到達できるのです。これは管理人の望みだけにとどまらず、あらゆる人の望みです。わたしたちの深い望みです。二人の息子たちも、無意識ではあっても、結局は、父の家に迎えられていると感じたいとの望みを表しているのです。

この人生で何をしているかと自分に問うのは、結局、心の中で誰かに迎え入れられたいとの望みを抱いているからです。でも、どうやって人生を豊かにしようかということだけを考えている限り、扉を開けてくれる人は誰もいないでしょう。

《自己の内面に向き合うために》

＊今日、人生の報告をするよう呼ばれたとしたら、どのように感じるでしょうか？

＊あなたは生涯を捧《ささ》げようとしますか、自分のためだけに取っておこうとしますか？

40 むなしい雑踏にただ一人

奥さま、地獄とは愛さなくなることです。

†ジョルジュ・ベルナノス

ルカによる福音　16・19〜31

「ある金持ちがいた。紫の布や上質の亜麻布を着て、毎日、派手な生活を楽しんでいた。この金持ちの門前に、ラザロと言う出来物だらけの貧しい人が横たわり、その食卓から落ちる物で腹を満たしたいと思っていた。犬もやって来ては、彼の出来物をなめていた。やがて、この貧しい人は死んで、天使たちによってアブラハムの懐に連れて行かれた。金持ちも死んで葬られた。そして、金持ちは陰府《よみ》でさいなまれながら目を上げると、アブラハムとその懐にいるラザロとが、はるかかなたに見えた。そこで、大声で言った。『父アブラハムよ、わたしを憐れんでください。ラザロをよこして、指先を水に浸し、わたしの舌を冷やさせてください。この炎の中で苦しくてたまりません。』しかし、アブラハムは言った。『子よ、思い出すがよい。お前は生きている間に良いものを受け、ラザロのほうは悪いものを受けた。今は、ここで彼は慰められ、お前はもだえ苦しむのだ。そればかりか、わたしたちとお前たちの間には大きな淵が設けられ、ここからお前たちの方へ渡ろうとしてもできないし、そこからわたしたちの方に越えて来ることもできない。』金持ちは言った。『父よ、ではお願いです。わたしの父親の家にラザロを遣わしてください。わたしには兄弟が五人いますので、こんな苦しい場所に来ることのないように、彼らによく言い聞かせてください。』しかし、アブラハムは言った。『お前の兄弟たちにはモーセと預言者がいる。彼らに耳を傾けるがよい。』金持ちは言った。『いいえ、父アブラハムよ、もし、死者の中から誰かが兄弟のところに行ってやれば、悔い改めるでしょう。』アブラハムは言った。『もし、モーセと預言者に耳を傾けないならば、たとえ誰かが死者の中から復活しても、その言うことを聞き入れはしないだろう。』」

現代の感性に程遠い、または不可解と思える信仰の面について、同時代の人に分かりやすく話すのは、説教する者にとって複雑なときがあります。

他方で、ある現代人が、例えば地獄が何なのか考えるのは難しいというのはおかしなことです。この人は毎日、地獄だと嘆いているのです。

というわけで、この福音の箇所について黙想したとき、先に引用したベルナノスの『田舎司祭の日記』のことばが浮かびました。これは小教区にいる一人の若い司祭の物語で、彼は小教区民の激しい敵意を味わい、また、土地の伯爵家のいさかいに巻き込まれます。この若い司祭が伯爵夫人に地獄について話しているとき、本当は自分が体験している地獄を吐露しています。若い司祭は、遺伝性のアルコール中毒者です。彼が内面に抱えている地獄は、社会からの深い孤立感、内に抱えているものを伝えられないこと、愛される必要を打ち明けられないことです。

ルカ福音書が地獄を淵、遠く隔たったところとして描いているのは不思議ではありません。さらに福音は、この隔たりは人生の中でわたしたちが掘っている、孤独の地獄を築いているのはわたしたち自身だと暗に言いたいように思えます。

美食家の金持ちは、あわれみ深い父の息子たちと抜け目のない管理人の後に登場する、不特定の人物です。彼は間違った仕方で人生の意味を探しています。ここで福音はもう一度、ただ自分だけの飢えを満たすという、巧妙な誘惑の危険に注意を促します。美食家の金持ちは人生をむさぼり食い、自分のために人生を確保します。わたしたちは誰でも、第一に自分自身のことを考えるよう言い聞かせ続けるあの声、「まず自分のことを考えなさい！　自分を救いなさい！」という声にさらされています。キリストさえも、十字架上で同じ誘惑を聞いたのです。

美食家の金持ちには名前がありません。もう地獄にいるのですが、それというのも、名前がなければ呼ばれることはできないからです。金持ちはすでに孤立しています。神でさえ、彼のために名前を持っていません。

福音書の言い方では、富は贈り物の反対です。あなたが富んでいるなら、与えなかったということなのです。美食家の金持ちとは、一つの生き方です。上等な服を着て、派手な生活を楽しんでいたとあります。これと反対にマタイ福音書では、イエスは着るものや食べるもののことで思い悩まないように呼びかけています。着ることと食べることは、わたしたちの大きな気がかりです。衣服のために思い悩むことは、自分が他者に与えないといけないイメージについて思い悩むこと、他者の評価を思い悩むことだからです。このために毎日わたしたちは、自分の本当の顔を決して見せずに、世が気に入ってくれる仮面を探そうと苦心しています。また、何を食べようかと思い悩んでいるのは、世を当てにしていないし、獲物を捕るために狩りに出なければならないといつも思っているからです。

美食家の金持ちは、キリストのイメージと正反対です。金持ちが着飾っているなら、キリストは神と等しい者であることを脱ぎ捨てます。金持ちが派手な宴会を楽しんでいたなら、キリストは自身の体を食べ物として与えます。

ですから、自分自身のための思い煩いこそが、少しずつ、他者や神から自分を引き離す淵を掘っていくのです。

美食家の金持ちとは異なり、「神は助ける」という意味の名を持つラザロは、欠乏という幸いを生きている人です。ラザロは腹を満たしたいと思っていました。飢えているので、望むことをあきらめられません。ラザロは求め、命に開かれています。そして現に、神は、彼のためには名前があります。ラザロは孤立していません。満たされていないからです。どうしても誰かが必要で、自分だけではやっていけません。

一方、金持ちにとっては、執着していたその土地が墓となります。「葬られた」のです。抜け目なくしがみついていた土地が、彼の上に落ちてきます。地獄は、わたしたちが生きている間に築きます。自分の象牙の塔に引きこもっているとき、自分の安心や役割にしがみついているとき、自分をがんじがらめにしているイメージを盾にして身を守っているとき、地獄を築くのです。

不正な管理人が、人生の途上で突然、報告するよう突きつけられたように、美食家の金持ちにも、「見る」時がやって来ます。人生では、自分がどこにいるのかを見る機会がいつもふんだんに与えられるのです。見ることによって人生について決め直すことができるので、「見る」は責任の伴う動詞です。わたしはどのように人生の意味づけをしようとしているでしょうか? 自分のために取り込み、保とうとしながらでしょうか。それとも、まだ食べるものを願う勇気が残っているでしょうか?

美食家の金持ちと同じことが、わたしたちにも言えます。食後の昼寝から呼び覚ましてくれるのは、神のことば全体を示す、モーセと預言者だけです。朝から、みことばはわたしたちを揺さぶります。そして、ぴったりの服装を探したり、安心で固めた中に一人で閉じこもったりする日々の心配を、思いとどまらせてくれます。

《自己の内面に向き合うために》

＊孤立を体験する時がありますか? どうやってそこから出ようとしますか?

＊どのように、人生の意味づけをしようとしていますか?

41 信用するな！

父よ、あなたの手の影はわたしの体を通り過ぎる船のよう。わたしの体は大地、枯渇した大地。

†アルダ・メリーニ

ルカによる福音　17・1〜10

イエスは弟子たちに言われた。「つまずきは避けられない。だが、それをもたらす者は不幸である。そのような者は、これらの小さい者の一人をつまずかせるよりも、首にひき臼を懸けられて、海に投げ込まれてしまう方がましである。あなたがたも気をつけなさい。

もし兄弟が罪を犯したら、戒めなさい。そして、悔い改めれば、赦してやりなさい。一日に七回あなたに対して罪を犯しても、七回、『悔い改めます』と言ってあなたのところに来るなら、赦してやりなさい。」

使徒たちが、「わたしどもの信仰を増してください」と言ったとき、主は言われた。

「もしあなたがたにからし種一粒ほどの信仰があれば、この桑の木に、『抜け出して海に根を下ろせ』と言っても、言うことを聞くであろう。
あなたがたのうちだれかに、畑を耕すか羊を飼うかする僕がいる場合、その僕が畑から帰って来たとき、『すぐ来て食事の席に着きなさい』と言う者がいるだろうか。むしろ、『夕食の用意をしてくれ。腰に帯を締め、わたしが食事を済ますまで給仕してくれ。お前はその後で食事をしなさい』と言うのではなかろうか。命じられたことを果たしたからといって、主人は僕に感謝するだろうか。あなたがたも同じことだ。自分に命じられたことをみな果たしたら、『わたしどもは取るに足りない僕です。しなければならないことをしただけです』と言いなさい。」

何週間か前、わたしは学校を経営するシスターたちの修道院に招かれていました。帰る支度をしているとき、ちょうど子どもたちの通学時間とかち合ったことに気づきました。そして、親たちが、小さな子どもに見送りの挨拶をする劇的な様子に衝撃を受けました。まるで子どもたちが、困難でおぼつかない冒険に出るようでした。子どもたちのほうは、友だちといっしょになるために急いで両親と別れようとしているのに、現実には、両親が別れに苦しんでいるという印象を受けました。わたしは、両親が学校に連れて行ってくれるなど思いもよらなかった幼い頃のことを思わずにはいられませんでした。子どもが王子さま・王女さまという今の文化の中で、大人はこのような仕方で、どんなメッセージを子どもに伝えているのかと思いました。その日、あの光景を見て、声には出されない大人のこんなセリフを思い浮かべていました。外に行ったら誰かに傷つけられるよ！　わたしといれば幸せなのよ！　信用ならないこの世の中から、わたしが守ってあげる！

毎日こうしたメッセージを、ことさらあのように感情のこもったかたちで受けながら成長していく子どもは、どのように社会を信用できるでしょうか？　そうです、社会を信用する姿勢は、小さい頃から習うのだと思います。それは伝えられたメッセージいかんによります。確かに、わたしたちはいつでも自分に向かって、あれは両親が怖がっているのであって、自分ではないと言うことはできるのですが。

遅かれ早かれ、自分の内にあるこういった不信に気づくのですが、その不信が霊的生活をもむしばむのは避けられません。こうして挙げ句の果てに、わたしたちは神をも信頼しなくなるのです！　信頼するというのは生き方です。ですから、ルカ福音書がここまでの数章にわたって人物例を挙げた後で、イエスのこのことばを置いているのはもっともなことと思えます。挙げられた人物は、あわれみ深い父の息子たち、抜け目のない管理人、美食家の金持ち……で、彼らは皆、他者を信頼して生きない人たちです。そして人が信頼しないときには、閉じこもり、自分のことを思い、自分の持っているものを守り、隠れ、自分に関することにこだわります。

それにひき替え、他者を信頼して生きる人は自己を明け渡し、駆け引きのない厚意ある態度で社会に臨み、臨床心理学者カール・ロジャーズのことばを借りれば、無条件にポジティブなまなざしで他者を見つめます。信頼する人は、当てが外れることを受け入れます。信仰とは、純真ではなく誠実に、自己を明け渡すことです。助けられるのをよしとする、一人でやっていけないと認めるのであれば、頼るのです。美食家の金持ちは、決して信頼できないでしょう。自分でいっぱいになっていて、他の人がいることにさえ気づかないからです！

自分は力があって豊かだと感じている人は、他者を信頼しません。監視することや守ることだけを気に病んでいるのです。一方、生きるために苦労している人は、信頼せずにはいられません。生活をとおして食べ物が得られ、生かされるのを待たねばならないからです。その人は、信頼する力のある、取るに足りない僕《しもべ》です。ここでの「取るに足りない

(inutile)」という意味は、利益なしに、賃金なしに、無償で仕えるということ、儲け目当てでなく仕えるということです。僕は仕えればよいのであり、信頼して生きる人です。パンは得られると疑わず、人生に臨む人です。

共同体の中で、自分を取るに足りないと見なさず、欠かせない存在と思っている僕たちを、イエスは戒めます。賃金の支払いを主張する僕たち、仕えなければならないときに力を振るおうとしていた僕たちです。おそらく福音は、共同体の内部で、人々に力を振るって自分の役割を果たそうとしていた人たちのことを指摘しているのでしょう。畑を耕す、羊を飼うとは、使徒的活動を思わせる二つの動詞です。耕すとは種を蒔くこと、したがって福音宣教すること、神のみことばの種を運ぶことです。羊を飼うとは群れの世話をする、共同体に同伴するという意味です。ですから、畑を耕すことと羊を飼うことは、教えを説く働き、養育する働きに結びつきます。このような役割を負っている人は、往々にして恐れに捕らわれます。他の人々は鬼と化して、信頼することができなくなります。

信頼することが人生に臨む一つの方法だからこそ、信頼を増すことはできません。信頼するか、しないかです。一つの生き方です。福音に描かれた弟子たちのように、自分の信仰を増すことができると考える人は、人生について経済的な見方をしています。しかし信頼には、向上、発展、投資といった論理は当てはまりません。信頼は、社会とのかかわりを生きる一つの方法です。かかわりの中では、自己を明け渡すか、避けるか、どちらかなのです。また信頼することは、破綻したかかわりを癒やす唯一の方法です。ティベリアス湖畔で、イエスは裏切り者のペトロに、再び信頼を寄せられるのです。

社会が怪物のように見えているとき、皆が自分に反感をもっている気がするとき、信頼することは難しいでしょう。神とのかかわりにおいても同じことが起こります。主君、裁判官、善と悪の不可解な分配者のように神をとらえているなら、なかなか神に信頼しようとしないでしょう。

社会に対する不信が伝わってくる、あの息苦しい抱擁を感じ続けるとすれば、いつでもそこから慎重に逃れることができます。社会での新しい一日を終えて、もちろんわたしは無事に帰って来ますよと、自分自身と他者に向かって言い聞かせながら。

《自己の内面に向き合うために》

＊あなたは他者を信頼するほうですか、それとも概して疑い深いですか？

＊なかなか信頼できない主な理由は何ですか？

42 回復の歩み

おお、病人の冷酷な手があなたの窓をゆっくりと上っていた、あなたの名を綴りながら。そしてついに汚れた数字は解かれ、あなたは人生の真摯さをすっかり取り戻していた。

†アルダ・メリーニ

ルカによる福音　17・11〜19

イエスはエルサレムへ上る途中、サマリアとガリラヤの間を通られた。ある村に入ると、重い皮膚病を患っている十人の人が出迎え、遠くの方に立ち止まったまま、声を張り上げて、「イエスさま、先生、どうか、わたしたちを憐れんでください」と言った。イエスは重い皮膚病を患っている人たちを見て、「祭司たちのところに行って、体を見せなさい」と言われた。彼らは、そこへ行く途中で清くされた。その中の一人は、自分がいやされたのを知って、大声で神を賛美しながら戻って来た。そして、イエスの足もとにひれ伏して感謝した。この人はサマリア人だった。そこで、イエスは言われた。「清くされたのは十人ではなかったか。ほかの九人はどこにいるのか。この外国人のほかに、神を賛美するために戻って来た者はいないのか。」それから、イエスはその人に言われた。「立ち上がって、行きなさい。あなたの信仰があなたを救った。」

一五二一年、ドイツの画家ハンス・ホルバイン（子）は、劇的な作品「墓の中の死せるキリスト」を描き、その中で、復活の可能性に対する当惑をさらけ出しています。埋葬室の狭いスペース内に納められたキリストの顔と手は、現に腐敗し始めています。

おそらくこの絵をとおして、ホルバインは宗教的テーマだけに取り組んでいたのではないでしょう。わたしには、墓の中に押し込められ、どうしようもなく腐敗してきているあのキリストの姿は、あらゆる時代の人間の姿でもある気がします。わたしたちは皆、死ぬと感じる人生の時を通って行きます。いやむしろ、希望がなく、もう腐敗してきていると感じることもあります。わたしたちの置かれている状況は、そこから出られない窒息しそうな狭い埋葬室のように思われることがあります。

聖書に描かれる重い皮膚病の人の姿から、この実存的な状況が思い起こされます。重い皮膚病の人は、ゆっくりと死につつある人です。消えかかっていて、もう生きていない人です。わたしたちが希望がないと感じるとき、病気と感じるとき、人生は崩れ落ちてしまい跡形もなくなりつつあると感じるときには、相変わらず人々の中にいるのに、あえて離れ去ろうとし、引き下がり、孤立してしまいます。

重い皮膚病を患っている人たちは、感染すると思われていたため、排除されています。時々わたしたちは、自分で自分を排除することがあります。このように自分が病んでいるのを見たら、他の人は自分のことを愛せないと思うからです。また他者が、わたしたちの病気のいきさつを知りもせずに、軽率で痛烈な判断を下し、わたしたちをかかわりから締め出すことがあります。

こうして、福音が語る十人の重い皮膚病を患っている人たちのように、わたしたちは何を求めているかもよく分からずにさまよい続けます。重い皮膚病を患っているのは十人ですが、病気によって連帯しているかのように、声をそろえて話します。十人の歩みは別々であるにもかかわらず、同じことを求めています。結局、病気はいつでも同じで、わたしたちは死ぬと感じるのです！

イエスはエルサレムに向かっています。神殿のある場所、聖なるものの場所、神の現存の場所に向かっていますが、ガリラヤやサマリアを通って行くことをためらいません。つまり堕落の地、とても弱くあいまいにしか神聖さが響いてこない地を通って行くのです。おそらくイエスは、こういった場所を通らずにエルサレムに行き着くことはあり得ないと率直に示したいのかも知れません。聖なるものを理解できるようになるための道は、必ず人類の病を通って行きます。

時にわたしたちは、疎外されて生きるのに慣れてしまって、逆に迎え入れようとする人の前でも距離を取り続けてしまうことがあります。イエスの前で、重い皮膚病を患う十人は自分の台本を読み続け、距離を取っているのです。しかし、回復の歩みを可能にする出会いがあります。「祭司たちのところに行って、体を見せなさい」というイエスのことばは、単純に、かかわりに戻るようにとの招きです。認めてもらいなさい、認められることで治るのだから、と。本当の病は、認められたいと望んでいるのに、見られるのを恐れることです。

まだ治癒していませんが、重い皮膚病を患うこの十人は歩き始めます。信頼の態度です。そして、まさに人生を信じること、自分で負った、あるいは他人に負わされたこの病気の台本から抜け出す可能性を信じることによってこそ、治り始めます。

しかし、回復の歩みは、わたしたちが感謝するようにならなければ、完治には至りません。ちょうど一人のサマリア人がイエスのもとに戻って来たというのは、もちろん不思議ではありません。他の人たちはエルサレム、神殿のある場所に行きました。単に義務を果たしたのです。しかしサマリア人にとっては、聖なる場所はエルサレムではなく、ゲリジム山にあります。それでもこの変則をとおして、ルカは、神に栄光を帰すことのできるもっと別の場所があることを示します。それどころか、神に栄光を帰する唯一の真の場所はキリスト自身においてであることを、ルカは示そうとしています。

重い皮膚病を患う他の九人は、しなければならないことをしただけですが、わたしたちは往々にして、義務感に動かされてばかりいることで、人生に現れてくる新しさを認められなくなっています。ともかく何も悪いことはないのです。でも、当たり前と思うことで、感謝することができなくなるのです。

感謝せずに、真に治癒することはありません。わたしたちが人生に感謝するに至らなければ、人生は決して、本当に満ち満ちたものにはならないでしょう。信頼は回復の歩みの第一段階です（わたしたちは九人の重い皮膚病の人のように、人生を信じる「取るに足りない僕」です）。しかし、完治するのは、感謝しに戻って来る十番目の重い皮膚病の人、本当に回復したただ一人のように、人生を賛美の祝いに変容するときだけです。信頼と感謝は、生涯病人でいたくない人の二つの態度です。

《自己の内面に向き合うために》

＊生活の中で、死にそうに感じるところがありますか？

＊信頼と感謝の思いは、生活の中でどのような比重を占めていますか？

43 何を求めているのか分からなくなった

誰にも気づかれない心のひそかなうめきがあります。 †アウグスチヌス

ルカによる福音　18・1〜8

イエスは、気を落とさずに絶えず祈らなければならないことを教えるために、弟子たちにたとえを話された。「ある町に、神を畏れず人を人とも思わない裁判官がいた。ところが、その町に一人のやもめがいて、裁判官のところに来ては、『相手を裁いて、わたしを守ってください』と言っていた。裁判官は、しばらくの間は取り合おうとしなかった。しかし、その後に考えた。『自分は神など畏れないし、人を人とも思わない。しかし、あのやもめは、うるさくてかなわないから、彼女のために裁判をしてやろう。さもないと、ひっきりなしにやって来て、わたしをさんざんな目に遭わすにちがいない。』」それから、主は言われた。「この不正な裁判官の言いぐさを聞きなさい。まして神は、昼も夜も叫び求めている選ばれた人たちのために裁きを行わずに、彼ら

をいつまでもほうっておかれることがあろうか。言っておくが、神は速やかに裁いてくださる。しかし、人の子が来るとき、果たして地上に信仰を見いだすだろうか。」

一人の青年が、神を知りたいと思っていました。ある日、近くの村に住む賢者を訪ねました。青年は賢者の家に入り、訪問の理由を説明しました。賢者は彼にほほえみかけ、それから、川に下って水浴びをするように勧めました。とても暑かったのです。青年はまず、川に入りました。その後、賢者がやって来ると、彼の頭をつかんで水中に沈めました。青年がもがき始めると、賢者は手を放しました。そして尋ねました。「水の中にいたとき、何がいちばん欲しかったかね?」青年は「空気です」と答えました。賢者は彼に言いました。「水の中で空気が欲しかったように神を知りたいと思うときに初めて、神を見いだせるだろう」と。

人生は長い一瞬であり、その中でわたしたちは何か大事なものが足りないと感じています。絶え間なく自分に何か足りないと感じ、それを求めています。時にはっきりした考えがなく、何を求めているのかきちんと分からないのですが、それでもその望みにかられます。

死ぬかと思えたり、生きるために欠かせないもの自体が足りないと思えたりして、その一瞬がすさまじいものになることがあります。ある人は闘うのに疲れて死にます。まだ生きているのに、内側では死ぬのです。他の人はもがき、闘い、無駄なエネルギーを使います。ところが他の人は、空気を欲しがり続け、まだ息をしたがり、自分を生かしてくれるものを見つけられるとなおも期待します。

福音書に登場するやもめのように、わたしたちも根本的なものに事欠く体験をします。このやもめは、支え、拠り所を失いました。生きる糧を与えていた人、支えていた人を、実際に失いました。明らかに、このやもめとなった女性の姿の中に、ルカは、花婿を失ってやもめとなった共同体、キリストを見つけられなくなってしまった共同体の体験を読み直しています。暗がりの時、うろたえの時です。しかし、闘いの時でもあります。

やもめと裁判官との争いをとおして、ルカは、人間と神との闘いを描き直します。闇と混乱の中では、神は往々にして、わたしたちに耳を貸さないいらだった裁判官になります。これはヤコブの天使との闘いであり、そこでは誰が勝ち、誰が負けるか、決して厳密には分かりません。この闘いに持ちこたえるただ一つの方法は、望み続けることです。

詩編38編の注解の中で、アウグスチヌスは、「あなたが望み続けているなら、あなたの祈りが続いているのです」と語っていました。ですから気を落とさずに祈るとは、人生の中で、見捨てられた、聞き届けられないと感じるときでも、望むことをあきらめないという意味です。

「気を落とさずに」とは、より正確には、「いらだつことなしに」です。実際、福音のやもめに限らず、わたしたち一人ひとりにも、いらだつ恐れはあります。他者または神から聞いてもらったと感じられないとき、欲求不満を覚えるのです。そして欲求不満は、たびたび怒りや暴力に変わります。

望みと同様、祈りもまた無駄な時間であり、無償の時間、誰かが自由に満たせるように差し出される時間です。祈りの中では、望みが時間をつかさどります。祈るとは、時間に支配されずに留まることです。これが、一日の時間で区切られた隠修生活の祈りの意味です。つまり、時間に引きずられるのでなく、祈りが時間を秩序づけるのです。祈りの中で、キリストは時間に秩序を戻されます。祈りの中でわたしたちは、時間に対する神の主導権を改めて宣言するのです。

反対に、望みをなくし、祈らずに待つなら、いらだつばかりです！　わたしたちはどうして望まなくなるのでしょうか。もう望む時間はないと思っているから、または、もう望む時ではないと思い込んでいるからかも知れません。自分の子らを食べたようにわたしたちの望みを食べる時間の神クロノスよろしく、時間が人生を支配するとき、人生は空っぽになり、耐え難くなります。

望まなくなるのは、恐怖に襲われるからです。望みは難問であって、合理的でない面があり、どういう結果になるかはコントロールできません。望みがわたしたちを駆り立てても、その到達点を確信することはできません。しかし、神とのかかわりは望みから成っています。すべてをコントロールしようとする人は、決して神が人生の中に入って来られるままにはせず、心底神を望むことなく、決して水の中に飛び込むことはないでしょう！

いつかは分かりませんが、遅かれ早かれ裁判官は判決を下すでしょう。神は戻って来られるでしょう。「しばらくの間は取り合おうとしなかった……」（ギリシア語の表現 epi chronon は、まさにこの望みのあいまいさを表しています）。神があなたの人生の中で裁いてくださるのだから、望むのをやめないことです！　神は不公平な裁判官と思い込んでいるときでも、わたしたちにできる唯一のことは、望むのをやめないことです。

やもめのように見捨てられたと感じていた共同体の恐れは、結局、キリストの恐れと同じになります。キリストも、もう花嫁を見つけられないのではないかと恐れているのです。

雅歌の花婿のように、キリストはわたしたちの戸をたたきに戻って来られるでしょう（雅歌5・1〜6参照）。夜と嵐を通り抜け、痛みと疑いの夜を、出会いと慰めの夜に変えたいと思うでしょう。でも、キリストが戸をたたくとき、わたしたちはなおも、すぐに開けようとできるでしょうか、あるいは雅歌の花嫁のように、この次に寄ってほしいと願うのでしょうか？　この出会いへの望みをまだ生き生きと保っているでしょうか、または、とっくにあきらめてしまっているでしょうか？

《自己の内面に向き合うために》

＊今日、何を心から望んでいますかと尋ねられたら、どう答えるでしょうか？

＊放っておかれると感じるときの、待つ間、幻滅している時をどのように過ごしますか？

44　わたしはOK、あなたはOKでない！

新しい王妃は、魔女で、魔法の鏡を持っていました。ぴかぴかの鏡に映る自分の姿に見とれるたびに鏡に問いかけました。「鏡よ、わたしの熱望の鏡よ、この王国でいちばん美しいのは誰？」すると鏡は、決まってこう答えました。「お后《きさき》さま、あなたがいちばん美しい！」

†グリム兄弟

ルカによる福音　18・9〜14

自分は正しい人間だとうぬぼれて、他人を見下している人々に対しても、イエスは次のたとえを話された。「二人の人が祈るために神殿に上った。一人はファリサイ派の人で、もう一人は徴税人だった。ファリサイ派の人は立って、心の中でこのように祈った。『神様、わたしはほかの人たちのように、奪い取る者、不正な者、姦通を犯す者でなく、また、この徴税人のような者でもないことを感謝します。わたしは週に二度断食し、全収入の十分の一を献げています。』ところが、徴税人は遠くに立って、目を天に上げようともせず、胸を打ちながら言った。『神様、罪人のわたしを憐れんでください。』言っておくが、義とされて家に帰ったのは、この人であって、あのファリサイ派の人ではない。だれでも高ぶる者は低くされ、へりくだる者は高められる。」

白雪姫の魔女のように、わたしたちは皆、内なる家に秘密の片隅があって、そこには魔法の鏡がしまってあり、鏡に向かって、毎日安心させてくれるように頼んでいます。わたしたちは、王国でいちばん美しいという欺瞞《ぎまん》の中で生き続けたいので、自分について抱いている考えを認めてくれる鏡を頼みとしているのです。

他者は限界や欠点があってうんざりするし、いらいらします。とても苦労して作っているわたし自身のイメージを、彼らの判断で脅かしに来ます。そして突然、わたしたちは、内なる家の隅にとても大事にしまってある鏡が、一つでないことに気づきます。他者はとかく意図せずに、たびたび鏡となり、前を通ってはわたしの顔を映し出し、わたし自身の好きでないところや足りないところを見せるのです。

他者がわたしたちを怒らせるのは当然です。概して、他者の内にある好きでないところが、わたしたちの中で何かを呼び起こすのです。他者が煩わしいのは、彼らの内に、自分もそうなのにそうと認めたくないものを見るから、または自分が持っていない何か、欲しいと思っている何かを持っているからです。他者を煩わしく感じるとき、これは自分自身に何を語っているのかと、いつも考えてみてください。

この福音のファリサイ派の人は、たとえば、自分の不完全さに耐えられません。そんな話を聞きたくもありません。間違うことを恐れています。でも無意識では、間違い得ることが分かっているのです。自分の限界を見ないためにどんなにエネルギーを使っているか知っています。だから、自分の不完全さを他者に負わせるのです。

わたしたちもそうですが、このファリサイ派の人も、他者に負わせることで自分から不完全さを遠ざけられると思い込んでいます。こうすれば自分は解放されると思って、他者に転嫁します。転嫁しようとしているものは、まさしく自分にあるものなのだということを、覚えておかねばなりません！

祈りは、前の福音の箇所では、不正な裁判官に対するやもめの叫びの場でしたが、ここでは、自分のありのままの姿が現れる場になります。どのように祈っているか言ってみてください、あなたが誰であるか言いましょう！　自分がどのように祈っているかに耳を傾けてみれば、自分についてたくさんのことが分かるのです。たとえばファリサイ派の人は、祈りを、ちょうど白雪姫の魔女の鏡のように使っています。自分自身のポジティブなイメージが確かなものとなるよう、祈りを使っているのです。祈らない人たちも、ともかく自己の内的な対話を、確認したり承認したりする場として使っています。

ファリサイ派の人は、祈りまたは内的な対話の中で、完璧さについての考えを裏づける行動を誇張し、こうして自分の限界を退け、見ないようにできると思い込んでいます。ファリサイ派の人は週に二度断食すると言っていますが、レビ記16章では、年に一度だけ、贖罪《しょくざい》の日に断食をするよう求めていました。また、ファリサイ派の人は全収入の十分の一をささげていると言っていますが、モーセの律法では、生産されるものについてだけ、十分の一をささげることを求めていました。

これは単に、過度に善行を行っていると思われるかも知れませんが、ファリサイ派の人は何に駆られてこの行き過ぎをしているのでしょうか。度を越した行動に向き合うたびに、内側に何があるか考えたらよいのです。多分にファリサイ派の人は他者を信用せず、皆が徴税人で、皆が不完全だと思っています。実際、彼から見て断食していない人のためにも断食します。買うものについても十分の一をささげます。十分の一をささげるはずの、物を売る人たちを信用しないからです。彼にしてみれば、その強迫観念から、物を売る人たちは十分の一をささげていないかも知れないのです。他者の不完全の穴埋めをして、ファリサイ派の人は、完璧さについての自分の考えに確信を持とうとします。

自分のイメージに執着する人は、祈りや思考の中心に、自分のエゴだけを据えるでしょう。「わたし」、これがファリサイ派の人の祈りの中で繰り返される唯一の代名詞です。彼が心を向けられるのは、自分自身のことだけです。彼のエゴは神の代わりに自分を置くほどに大きくなっています。「わたしはある（原文 Io sono）」という神の名を、自分のために用いるのです。自分自身だけを求めるときには、ほどなく、人生から神まで取り去ることになるでしょう。

これと反対に、徴税人は自分の限界や不完全さを見ることを怖がりません。自分は罪びとだと認めています。それどころか、他者の眼前に進み出ます。祈りの中で、「わたしをあわれんでください！」と、主である「あなた」に向かいます。もちろん、徴税人には自分の不足が明らかで、逃げ場がないでしょう。異教徒のために働き、お金を扱うのです。明らかに不純で、才能も乏しく、自分自身の奴隷です。しかし矛盾したようでいて、このように明らかだからこそ、他者に自分の不完全さを負わせる必要はありません。一方、ファリサイ派の人は、あるイメージを守らなければなりません。他者に対しても自分自身に対しても、本当のところ自分は罪びとであると認めることができないのです。

和解しゆるされて立ち去るか、そうでないかとは、いったいどういう意味でしょうか。徴税人は自分の限界、不完全さと和解し、罪をゆるされます。罪を認めるからこそ、本当に罪を告白することができ、罪から解放されます。ファリサイ派の人は自己の内面を見つめず、真に内に抱えているものを認めなかったので、和解しゆるされて立ち去ることはありません。他者に投影しても自分の重荷から解放されることはなく、本当の姿を隠しながら生きる労苦を負い続けます。ファリサイ派の人の人生は、和解することのない人生です。彼は自分のエゴの中で孤立し、自分が完全でないという恐れを、決して誰とも分かち合うことができないでしょう。

《自己の内面に向き合うために》

＊他の人のどのようなところが、特に嫌だと感じますか？

＊特に自分のどのような面を受け入れるのが難しいですか？

45 落ち込んだままでいない

絶望とは、精神の病、自己の中にある病であり、そのため三重の病であり得る。絶望的に、自己を有するという自覚がないこと。絶望的に、自分自身でありたいと望まないこと。絶望的に、自分自身でありたいと望むこと。

†セーレン・キルケゴール

ルカによる福音　19・1〜10

イエスはエリコに入り、町を通っておられた。そこにザアカイという人がいた。この人は徴税人の頭で、金持ちであった。イエスがどんな人か見ようとしたが、背が低かったので、群衆に遮られて見ることができなかった。それで、イエスを見るために、走って先回りし、いちじく桑の木に登った。そこを通り過ぎようとしておられたからである。イエスはその場所に来ると、上を見上げて言われた。「ザアカイ、急いで降りて来なさい。今日は、ぜひあなたの家に泊まりたい。」ザアカイは急いで降りて来て、喜んでイエスを迎えた。これを見た人たちは皆つぶやいた。「あの人は罪深い男のところに行って宿をとった。」しかし、ザアカイは立ち上がって、主に言った。「主よ、わたしは財産の半分を貧しい人々に施します。また、だれかから何かだまし取っていたら、それを四倍にして返します。」イエスは言われた。「今日、救いがこの家を訪れた。この人もアブラハムの子なのだから。人の子は、失われたものを捜して救うために来たのである。」

わたしたちのよく見る夢に、特に不安なときに見る、落ちる夢があります。また上ろうとしますが空《むな》しく、なすすべもなくどんどん滑り落ちていくようです。わたしたちは奥深くにある恐れに捕らわれていて、その恐れをことばで表現することさえあまりできません。トールキンの『指輪物語』に登場するゴクリのように、わたしたちは闇に捕らわれています。ゴクリは、サウロンの魔力の宿る指輪、姿を消すことができるけれど、最後には支配される指輪を手に入れます。ゴクリは村人たちから追放され（魔力の宿る指輪を使って盗みをしていたために）、太陽と月の光に耐えられなくなってどんどんと地下に逃れます。ゴクリにとって指輪は宝となり、生きるただ一つの理由となります。

指輪をつかみ取るために、真っ赤に燃える火口の深淵に落ちていくことになるのです。

わたしたちが落ちて行く場所は、夢や架空の物語とは限りません。誰にも、海面下の町エリコに住みに行く人生の時が訪れます。エリコの町は、福音書では、人間が途方に暮れている底知れない深みのシンボルとなっています。そこからもう上って来られないと思える場所、あらゆる希望を失ったところ、でもそここそは、わたしたちの陰府《よみ》から引き上げるために、キリストがわたしたちを訪ねて降ってくださるところなのです。

そこは、ゴクリのようにわたしたちが引きこもり、逃れた場所です。のけ者にされ、拒否され、愛されなかったと感じて、逃げて来た場所なのかも知れません。そして、わたしたちもゴクリのように闇に慣れてしまい、もう見えなくなっています。

エリコの町に入る前、ザアカイと出会う前に、イエスは一人の盲人と出会います。わたしたちは皆、元どおり見えるようになりたいと望んでいます。見るとはいつでも、自分の傍らに誰かがいると気づくことです。見えるようになりたいという願いはいつでも、孤立から抜け出したいという望みを表しています。イエスがエリコの町の門で出会ったこの盲人のように、ザアカイもイエスを見たいと思っています。ザアカイも孤立から抜け出したいと望んでいます。

わたしたちは、もう一度上って来られると思えないほど恐怖の淵に落ち込んだように感じることがあります。前の章でルカは、驚いたことに、徴税人でさえその罪から脱し、ゆるされて生きる道があることを示しました。でもザアカイは、徴税人、公然たる罪びと、常に汚れの状態にあるため礼拝に参加できないだけでなく、徴税人の頭でさえあるのです。罪が増したように思えます。彼にとっても生きる道があるのでしょうか？　あるいは、救いようがないのでしょうか？　これが、ルカの投げかける問いです。あなたには生きる道があると思いますか、もう希望はないと思いますか？

たとえ打ちのめされることがあっても、いつでもわたしたちの内には変わりたいという望みが残っています。その望みが本物なら、果敢になっていきます。ザアカイは、どうしたらよいかまだ分からないものの、孤立から出ようと決心します。さしあたり、姿を見られずに眺めるだけの傍観者でいたい、というところでしょう。しかし、彼の社会的地位の特権が及ばないところがあります。イエスを見たくても、背が低くて群衆の向こうまで眺められません。人々が遮ります。おそらくルカは、ザアカイのモラルの低さがイエスを見る妨げとなっていることも暗示したいのかも知れません。でもザアカイはものともせず、笑いものになってまでも望みを果たそうとします。子どものように木に登るのです！　確かに、わたしたちが奥深い望みに答えを出そうとするなら、偽りのない自分を表現せずにはいられません。

ザアカイは、危ない橋は渡らず、隠れたままちょっと眺めたかっただけです。しかし、ザアカイが望んでいるだけでなく、イエスも望んでいたのです！　ザアカイより先に、イエスのほうが彼を見たいと思っています。ザアカイはもう低いところでなく高いところにいるので、イエスは見上げます。そのまなざしから、たぶんザアカイは叱られると思ったでしょう。彼が搾取し、侮辱していた人々は、やっと仕返しができます。ザアカイは、皆の前で仮面を剥がれると覚悟しています。時に、神がどのようにわたしをご覧になるだろうと考えるのは恐ろしいことです。イエスが今のわたしの生き方をご覧になるとしたら、イエスのまなざしからわたしは何を思うのでしょうか。

でもザアカイは、わたしたち一人ひとりと同じに、イエスのあわれみのまなざしに出会うのです。ザアカイは、他の人といっしょに過ごすことを拒まれていたのに、イエスはその可能性を返されます。そしてイエスは彼の家に入り、ザアカイの人生に留まる最初の人となります。神のあわれみは無償で、思いがけないものです。ザアカイには何も求められません。にもかかわらず、ザアカイはついに見るようになり、とりわけ他者から見られるようになります。彼のいちばん大きな望みは、見えるようになるだけでなく、とりわけ他者から見られること、徴税人としてではなく、人間として見られることでした。見えるようになったとき初めて、ザアカイは進むべき道を決めることができます。義務を負わされるのではありません。ザアカイは目の前にいる人を見ます。イエスを見、そして彼に倣いたいと思います。今生きている具体的な状況の中で、主に従うのにいちばんよい道はどの道なのでしょうか？　この問いは誰の人生にもある問い、あらゆる召命の問いです。

義務ではないことを明らかにするために、ルカは、ザアカイが一つの約束をするように描いています。その約束は、ザアカイが義務づけられていなかったばかりでなく、二つの違う法をいっしょにした約束です。つまり、財産の半分を施すとは、ラビの律法によって償いのために規定されていたことであり、四倍にして返すとは、ローマの法律によって盗みのために規定されていたことでした。

さて、ザアカイは確かに望みに動かされる人ですが、その望みを具体的な歩みにしていくことのできる人でもあります。現に、その望みによってこそ、恐れを乗り越えることができ、わたしたちが時々転げ落ちたと感じる崖の上まで登ることができるのです。

《自己の内面に向き合うために》

＊恐れに捕らわれたり、取り返しのつかない状況に陥ったと感じたりするとき、どのように反応しますか？

＊イエスが今日、あなたの生き様をご覧になるとしたら、そのまなざしからどんなメッセージを読み取るでしょうか？

46 価値あるものに値はつけられない

地上の王のお召しは、永遠の王の生涯を観想する助けとなる。

†ロヨラのイグナチオ

ルカによる福音　19・11〜27

人々がこれらのことに聞き入っているとき、イエスは更に一つのたとえを話された。エルサレムに近づいておられ、それに、人々が神の国はすぐにも現れるものと思っていたからである。イエスは言われた。「ある立派な家柄の人が、王の位を受けて帰るために、遠い国へ旅立つことになった。そこで彼は、十人の僕《しもべ》を呼んで十ムナの金を渡し、『わたしが帰って来るまで、これで商売をしなさい』と言った。しかし、国民は彼を憎んでいたので、後から使者を送り、『我々はこの人を王にいただきたくない』と言わせた。さて、彼は王の位を受けて帰って来ると、金を渡しておいた僕を呼んで来させ、どれだけ利益を上げたかを知ろうとした。最初の者が進み出て、『御主人様、あなたの一ムナで十ムナもうけました』と言った。主人は言った。『良い僕だ。よくやった。お前はごく小さな事に忠実だったから、十の町の支配権を授けよう。』二番目の者が来て、『御主人様、あなたの一ムナで五ムナ稼ぎました』と言った。主人は、『お前は五つの町を治めよ』と言った。また、ほかの者が来て言った。『御主人様、これがあなたの一ムナです。布に包んでしまっておきました。あなたは預けないものも取り立て、蒔《ま》かないものも刈り取られる厳しい方なので、恐ろしかったのです。』主人は言った。『悪い僕だ。その言葉のゆえにお前を裁こう。わたしが預けなかったものも取り立て、蒔かなかったものも刈り取る厳しい人間だと知っていたのか。ではなぜ、わたしの金を銀行に預けなかったのか。そうしておけば、帰って来たとき、利息付きでそれを受け取れたのに。』そして、そばに立っていた人々に言った。『その一ムナをこの男から取り上げて、十ムナ持っている者に与えよ。』僕たちが、『御主人様、あの人は既に十ムナ持っています』と言うと、主人は言った。『言っておくが、だれでも持っている人は、更に与えられるが、持っていない人は、持っているものまでも取り上げられる。ところで、わたしが王になるのを望まなかったあの敵どもを、ここに引き出して、わたしの目の前で打ち殺せ。』」

人生はどれくらい価値があるでしょうか？　わたしは、生涯にわたって人生には何の価値もないと思っていた人たちに出会いました。その人々は自分に安値をつけ、レッテルを貼り、そのレッテルを剥がす力がありませんでした。また、多くの場合、他人がわたしたちの値踏みをし、わたしたちに対する考えを変えられないというのも事実です。

反対に、神はわたしたちに値段をつけたりせず、豊かな資金を持たせてくださいます。そして、往々にして神不在の時、摂理の時にこそ、わたしたちの能力、抵抗力、粘り強さ、勇気が現れてくるのです。

マタイ福音書に見られるタラントンのたとえ話と異なり、ルカは、この王が皆に同じように財を割り当てると考えています。たとえ話は、各自の功績には注目しません。この王は、皆が同じ基準に達するようには求めず、それぞれの結果にむしろ満足しています。唯一、王の怒りをかったのは、財が使われなかったケースです。お金を布に包む（またはマタイ福音書にあるように、地の中に隠す）とは、責任を逃れるという意味です。言い換えれば、最後の僕《しもべ》は生きることを放棄したのです。わたしたちが生きるときには必ず、選択肢を前にして自分が責任をとるということが伴います。

最後の僕は、人生について運命論的なビジョンを持ち、物事が変わり得ると思っていないのかも知れません。自尊心が足りないのかも知れません。誰にでも、自分のどんな行いも余計で、無駄に思える時があります。何も変わらないと思え、まして変化が自分にかかっているとは考えもしません。

結局この王は、各々が呼ばれた場所で、できる限り、自分の務めを果たすことを求めているだけです。

わたしたちも、拠り所、遠大なビジョン、インスピレーションを与えてくれた声など、すべてが崩れるように思える歴史的な時に遭遇することがあります。自分を小さく感じ、何もできないと思い込む誘惑があります。この王は、たとえ意地悪い王だとしても、各々が自分の人生を生き、貢献しようとすることを望んでいるのです。

確かに、ルカが描いているこの王の悪意と暴力には戸惑いますが、おそらくルカは、この表現技巧によって、逆説を浮かび上がらせようとしているのでしょう。つまり、悪意があって暴力的な人間の王が、僕たちにこのような財を預け、その金で儲《もう》けなさいと励ますのなら、なおさら、正しく寛大な神は、わたしたちにもっと大きな富を預けてくださり、その元手を生かして人生を全うするよう深く望まれる、ということです。

しかし、おそらくわたしたちの心の中では二つのイメージがごっちゃになり、主が、まさにあの厳しく冷酷な王の特徴を持っておられるように映ることがあるのかも知れません。ですからこのたとえ話は、わたしたちがどういう神のイメージを持っているかについても、そっと問うているのです。

そして、わたしたちがゆがんだ想像という濁りを取り除いて、主のみ顔を眺められるようになるとき、どんな富が生かされずに心の中にしまってあるかにも、おそらく気づくのでしょう。

《自己の内面に向き合うために》

＊神が渡してくださった富を、どのように生かしていますか？

＊あなたの神のイメージには、何か、この意地悪い王の特徴がありますか？

Ⅳ

ルカ20・27～24・53

受難・死・復活・昇天

47 人生はジグソーパズルのよう

わたしの時が来たなら、わたしを滅ぼそうとしたり、わたしに取って代わろうとするかに見える、どのような異質な力や敵対する力で現れたとしても、どうかあなただと認められるようにしてください。

†テイヤール・ド・シャルダン

ルカによる福音　20・27〜40

さて、復活があることを否定するサドカイ派の人々が何人か近寄って来て、イエスに尋ねた。「先生、モーセはわたしたちのために書いています。『ある人の兄が妻をめとり、子がなくて死んだ場合、その弟は兄嫁と結婚して、兄の跡継ぎをもうけねばならない』と。ところで、七人の兄弟がいました。長男が妻を迎えましたが、子がないまま死にました。次男、三男と次々にこの女を妻にしましたが、七人とも同じように子供を残さないで死にました。最後にその女も死にました。すると復活の時、その女はだれの妻になるのでしょうか。七人ともその女を妻にしたのです。」イエスは言われた。「この世の子らはめとったり嫁いだりするが、次の世に入って死者の中から復活するのにふさわしいとされた人々は、めとることも嫁ぐこともない。この人たちは、もはや死ぬことがない。天使に等しい者であり、復活にあずかる者として、神の子だからである。死者が復活することは、モーセも『柴』の個所で、主をアブラハムの神、イサクの神、ヤコブの神と呼んで、示している。神は死んだ者の神ではなく、生きている者の神なのだ。すべての人は、神によって生きているからである。」

そこで、律法学者の中には、「先生、立派なお答えです」と言う者もいた。彼らは、もはや何もあえて尋ねようとはしなかった。

人生を送っている間は、そのピースが混乱しているように思えます。人生はこま切れで、不完全に見え、それだから、たぶんわたしたちは人生の意味をつかめないのでしょう。後に哲学者たちが取り入れた、長年にわたる霊性の一つの伝統は、終わりに身を置いて眺めるよう招いていました。それは、自分が歩みを終えて後ろを振り向いたなら、何が見えるだろうかと問うことです。

しかし、わたしたちは終わりから物事を眺めるという習慣を失い、死を避けようとしがちです。死を真剣に受け止めないためにふざけ、死がかき立てる恐れを遠ざけるように皮肉ります。

ちょうど福音のサドカイ派の人々のように皮肉るのです。サドカイ派の人々は富裕な大地主で、ヘブライ文化において特に影響力をもつ制度、レビレート婚の法について、俗悪な皮肉を浴びせます。この律法によれば、事実、一人の男が子どもを残さずに死んだ場合、死者の兄弟がやもめに対して子孫をもうける義務がありました。

ところで、この義務は深い霊的な理由から来ていました。神の国に着いたとき、死者は自分の子孫の目をとおしてしか神の国を見ることができなかった、ということなのです。子孫を持たないということは、神の国を観想する希望が永遠に断たれるということでした。サドカイ派の人々は、持っているものを失うことを恐れるという点で、わたしたちに似ています。彼らは取りつかれたように、財産に縛られています。

サドカイ派の人々はすべてを否定します。天使を否定し、聖書の書物を否定し（モーセ五書だけは認めます）、特に復活を否定します。レビレート婚の法に対する皮肉は、実に、自分たちの財産を浪費する恐れから来ています。この法を実行することで相続人が増えるかも知れず、結果として、富が細分化されることがあるからです。

彼らは財産をいっしょに保有していながら、血縁の兄弟が神の国の到来を見るのを拒もうとしています。執着しているものを失う恐れは、時にわたしたちをどこまで駆り立てるのでしょうか。たった一瞬でそれを失い得ることが分からず、ずっと自分のものでなければならないかのように。

わたしたちは、自分のものでなく、預けられている富について資産家だと思い込んでいます。この富はとりわけ、かかわり、役割、愛情から成る富だったり、あるいは自分が守らなければならないイメージによって作られた富だったりします。

サドカイ派の人々は意識せずに、実は自分たちのことを示す一つの話を作り出しています。生み出すことのできない不毛の人生があり得ると思っていますが、その不毛の人生は、第一に彼ら自身が生きている人生です。彼らは、与えることが分からなくなってしまったくらいに、持っているものを守ることにこだわっているからです。

そして、もう与えることのできなくなった人生、獲得したと思うものだけを監視している人生は、生み出すことのできなくなった人生です。

それこそ、憂えなければならない本当の死です。

幸い、わたしたちには正気に戻る時期があって、自分はもう生きていないと気づきます。死ぬ感じがする、死にたい、やっていけないのではないか……。命が消えかかっている、と心が気づくのです。復活はそこから始まります。死が人生の最後のことばではあり得ないと理解するときです。

洗礼の体験は、記録保存しておくものではなく、人生におけるたくさんの死の時期に、繰り返し体験し続けるものです。洗礼のとき、わたしたちは水槽に降りて、水に浸かりました。その水は、わたしたちを押し流すこともできたのです。

初期のキリスト者が、水槽の底に触れるのを恐れずに階段を下っていたように、わたしたちは深く降りていきました。そうです、恐れずに。というのは、底に触れたときにこそ、主が待っておられたと分かるからです。最悪の自分を体験したその底で、主が、最悪の自分を引き受けようとしておられると分かったのです。

わたしたちの最悪の部分を神に引き渡すこと、これが洗礼の体験です。神がその重荷を担ってくださいます。わたしたちが底に触れたところ、そこで神がわたしたちと出会われるのは、命へと連れ戻し、息を吹き返すようにするためです。

死への勝利は確定し、決定的なものです。ですから、死が人生の最後のことばであると考える誘惑に、決して屈することはできません。

わたしたちがサドカイ派の人々のように、愛着しているものを失わないよう心を砕いて躍起になっているとすれば、それに反して神は、自分自身から出るまでに、ご自身を手放されました。自身を手放すことにおいてのみ、命を生むことができるようになるからです。わたしたちは、いつまで人生の所有者でい続けようと思うのでしょうか。死んでからもでしょうか！

《自己の内面に向き合うために》

＊今日、死ぬとしたら、あなたの人生はどんな意味があったでしょうか？

＊自分が何も持っていないこと、いつでも全てを失い得ることを自覚していますか？

48 留まっていなさい

貧民の腹は、パンよりも幻想を求めている。　†ジョルジュ・ベルナノス

ルカによる福音　21・1〜19

イエスは目を上げて、金持ちたちが賽銭箱に献金を入れるのを見ておられた。そして、ある貧しいやもめがレプトン銅貨二枚を入れるのを見て、言われた。「確かに言っておくが、この貧しいやもめは、だれよりもたくさん入れた。あの金持ちたちは皆、有り余る中から献金したが、この人は、乏しい中から持っている生活費を全部入れたからである。」

ある人たちが、神殿が見事な石と奉納物で飾られていることを話していると、イエスは言われた。「あなたがたはこれらの物に見とれているが、一つの石も崩されずに他の石の上に残ることのない日が来る。」

そこで、彼らはイエスに尋ねた。「先生、では、そのことはいつ起こるのですか。

また、そのことが起こるときには、どんな徴があるのですか。」イエスは言われた。「惑わされないように気をつけなさい。わたしの名を名乗る者が大勢現れ、『わたしがそれだ』とか、『時が近づいた』とか言うが、ついて行ってはならない。戦争とか暴動のことを聞いても、おびえてはならない。こういうことがまず起こるに決まっているが、世の終わりはすぐには来ないからである。」

そして更に、言われた。「民は民に、国は国に敵対して立ち上がる。そして、大きな地震があり、方々に飢饉や疫病が起こり、恐ろしい現象や著しい徴が天に現れる。しかし、これらのことがすべて起こる前に、人々はあなたがたに手を下して迫害し、会堂や牢に引き渡し、わたしの名のために王や総督の前に引っ張って行く。それはあなたがたにとって証しをする機会となる。だから、前もって弁明の準備をするまいと、心に決めなさい。どんな反対者でも、対抗も反論もできないような言葉と知恵を、わたしがあなたがたに授けるからである。あなたがたは親、兄弟、親族、友人にまで裏切られる。中には殺される者もいる。また、わたしの名のために、あなたがたはすべての人に憎まれる。しかし、あなたがたの髪の毛の一本も決してなくならない。忍耐によって、あなたがたは命をかち取りなさい。」

手に負えないと思えるものに直面するとき、恐れから理性を失うことが多々あります。多くの独裁政治はこのようだったし、今もこのようです。一九九〇年代の終わりに、わたしがアルバニアに住んでいたときには、エンヴェル・ホッジャが、やって来るはずのない架空の敵への抑止力として建造させたトーチカ（訳注　コンクリート製の小型防御陣地）がまだ出来てきていました。恐れに陥れるのは、非常に効果的な統制手段です。

ベルナノス著の『カルメル会修道女の対話』に登場する、ブランシュ・ド・ラ・フォルスは、恐れから逃れるため、カルメル会に入ります。特に、彼女のような貴族に対して怒り狂っている市民から打ちのめされる恐れを逃れるためです。ブランシュが「イエスの臨終の苦しみ」という修道名を選ぶのはうなずけることで、これが彼女の人生のビジョン、起こるかも知れないことへの変わらない恐怖です。

しかし、まさしく危機の時にこそ、摂理的に自分のありのままが現れることになり、ついに恐れに打ち勝つ可能性にまで導かれます。現に、フランス革命と教会の財産没収の時代がやって来ます。修道院は何度か襲撃され、ブランシュは幸いにその襲撃の間に救われ、父親の家に連れ戻されます。

他の修道女たちは斬首刑を宣告されます。処刑の日、修道女たちは喜びの内に、優雅に「造り主である聖霊よ、来てください（ヴェニ・クレアトール・スピリトゥス）」を歌いながら、一列になって進みます。一人また一人とギロチンにかけられるにつれて、歌は細くなっていきます。歌声が全く途絶えようとするそのとき、歌はまた続きます。ブランシュでした。彼女は処刑される修道女たちの列に加わり、決定的に自分の恐れに打ち勝ちます。

このルカ福音書21章は、危機の時を描いています。これは特別な時ではなく、人生の時です。地震、疫病、想定外の大統領などは異例の出来事ではなく、人生行路に現れる状況です。それはいつでも忍耐する時です。いつでも待つ時、そして証しする時です。

さてこの章は、神殿の賽銭箱《さいせんばこ》――神のために生活費を無駄遣いすると思えるところ――に、何も取り置かず、持っているものすべてを入れている一人のやもめの姿で始まり、含蓄に富んでいます。イエスが弟子たちに人生の模範として示す女性です。無駄と思えるときにも献身し続けることです。

これと反対に、弟子たちはイエスが示すことに上の空であるかのようで、時勢について尋ね、逃げるための徴《しるし》を気にかけています。立ち去れるよう備えることに関心を寄せ、そのために問います。一方で、人生からもう何も得られないと思えるときにも留まる女がいて、もう一方では、危機に瀕《ひん》するときに逃げられるよう、手はずを整える人たちがいます。これは生き方であり、かかわりの保ち方です。かかわりも危機に見舞われます。そのときには、大したことでないと思えても、本質的なものを差し出し続けてかかわりを保つこともでき、あるいは逃げるチャンスをつかんで身を守ることもできます。

ルカは、危機の時を実際に過ごしている一つの共同体に向かって語っています。多くの危機の時が絶えず歴史を通り過ぎますが、その一つの時です。石に見とれている神殿は、紀元七〇年にローマ軍に破壊されたものです。ルカは、神殿の破壊を経験した、ある共同体に語っています。紀元六四年にやっと大改修が終わったため、神殿が存続したのはわずか六年でした。それは反乱と死の六年間でした。ルカは、最初の殉教者たちを目にした共同体に語っています。福音が語っている迫害は、おそらくステファノとヤコブの殉教を暗示しています。

こういうわけで、福音史家は観念上や可能性、または将来のこととして危機を描いているのでなく、現在の危機について語っているのです。歴史が繰り返す中で人類が生き続ける危機について語っています。実際、黙示は将来の時を啓示するのではなく、今現在、わたしたち自身に対して、わたしたちのことを表すのです。

やもめと神殿は、キリストのシンボルです。ルカ福音書のこの箇所は、受難物語の導入となっています。やもめのようにイエスもまた、オリーブ山の静寂の中で、持っているものすべてを与えようとしています。留まり、逃げません。徒労に思えても、本質的なものをささげます。そして神殿のように、真に御父を礼拝する場であるキリストの体は、壊されようとしています。

キリストは、危機に留まり、逃げません。自分の身に負って苦しむ人です。忍耐(ypomonè)ということばに含まれる二つの意味は、下にあるもの、堅固であり続けるものという意味と、重荷を担う、苦しむという意味です。

人生では、いつもわたしたちを脅かす危機が訪れ、その度に、選びをするように招かれるでしょう。逃げるか忍耐するか、または、行方をくらますか本質的なものをささげ続けるか、どちらかです。

《自己の内面に向き合うために》

＊危機の時、どのように反応していますか？

＊あなたの選びは、恐れと忍耐のどちらに動かされていますか？

49 悲劇をチャンスに

地は混沌であって、闇が深淵の面にあった。

†創世記

ルカによる福音　21・20～38

「エルサレムが軍隊に囲まれるのを見たら、その滅亡が近づいたことを悟りなさい。そのとき、ユダヤにいる人々は山に逃げなさい。都の中にいる人々は、そこから立ち退きなさい。田舎にいる人々は都に入ってはならない。書かれていることがことごとく実現する報復の日だからである。それらの日には、身重の女と乳飲み子を持つ女は不幸だ。この地には大きな苦しみがあり、この民には神の怒りが下るからである。人々は剣の刃に倒れ、捕虜となってあらゆる国に連れて行かれる。異邦人の時代が完了するまで、エルサレムは異邦人に踏み荒らされる。」

「それから、太陽と月と星に徴が現れる。地上では海がどよめき荒れ狂うので、諸国の民は、なすすべを知らず、不安に陥る。人々は、この世界に何が起こるのかとおびえ、恐ろしさのあまり気を失うだろう。天体が揺り動かされるからである。そのとき、人の子が大いなる力と栄光を帯びて雲に乗って来るのを、人々は見る。このようなことが起こり始めたら、身を起こして頭を上げなさい。あなたがたの解放の時が近いからだ。」

それから、イエスはたとえを話された。「いちじくの木や、ほかのすべての木を見なさい。葉が出始めると、それを見て、既に夏の近づいたことがおのずと分かる。それと同じように、あなたがたは、これらのことが起こるのを見たら、神の国が近づいていると悟りなさい。はっきり言っておく。すべてのことが起こるまでは、この時代は決して滅びない。天地は滅びるが、わたしの言葉は決して滅びない。」

「放縦や深酒や生活の煩いで、心が鈍くならないように注意しなさい。さもないと、その日が不意に罠のようにあなたがたを襲うことになる。その日は、地の表のあらゆる所に住む人々すべてに襲いかかるからである。しかし、あなたがたは、起ころうとしているこれらすべてのことから逃れて、人の子の前に立つことができるように、いつも目を覚まして祈りなさい。」

それからイエスは、日中は神殿の境内で教え、夜は出て行って「オリーブ畑」と呼ばれる山で過ごされた。民衆は皆、話を聞こうとして、神殿の境内にいるイエスのもとに朝早くから集まって来た。

人生の中で、混乱と混沌の時期を通るのは避けられません。拠り所を失う時期です。大事なことが終わる時期です。恐れと苦悩に見舞われたと感じ、むなしさの中に突き落とされたと感じる人生の時です。

大事な人を失うとき、期待を懸けていたかかわりが終わるとき、裏切られたと感じるとき、あるいは、病気や苦しみに見舞われるときに起こります。

また、コントロールできない脅威に襲われている今の時代のように、混乱と混沌を自分一人でなく他者と共有する時期もあります。危険がどこにあるか正確につかめないものの、危険に気づきます。わたしたちは他者に命を委ねていて、他者なしではいられません。

混沌とは形を持たないものです。何かゆがんだもの、醜いもの、そして当然ながら脅かすものです。しかし、すべては混沌から始まります。混沌は一つの可能性です。創造も、混沌から始まっています。拠り所はなく、太陽も、月も、星もありませんでした。

おそらく、まさにあの原初の混沌について、イエスはこの最後の説教で言及しているのでしょう。これが最後の説教であるのは当然かも知れません。最後には、いつもいちばん大事な事柄について話され、特にすべてがどのように始まったかを思い起こさせようとします。混沌は、美しさ、秩序（kosmos）になったのでした。神は秩序だけでなく、形を与えられました（ギリシア語の「秩序―コスモス kosmos」も、ラテン語の「形―フォルマ forma」も、美に関係があります。「コスモス kosmos」はコスメティックと同語源を持ち、また「フォルマ forma」は「formosus」、美しいという語に行き当たります）。神は、わたしの人生の混沌に、もう一度形を与えてくださるでしょうか？　これが破局の時の問い、つまり必ずや人生に訪れる悲惨な終局の時期の問いです。

終わりはいつでも劇的です。自分に向かって、すべてを言ったか、書こうとしたことを書いたか、もっと違うように言えたかも知れない、と問うのです。でも、今はもうページは尽きました。新しい章が始められるように、締めくくらなければなりません。「一粒の麦は、死ななければ……」（ヨハ12・24）とあるように、わたしたちが終わりを受け入れる覚悟をしなければ、新しさはやって来ません。戦時のように、かかわりがなおざりにされがちです。停戦を求めたくないので、犠牲者を出しても仕方がないのです。

終わりを受け入れることは、その先を見る目がなければ無理なこと、残酷なことです。すでに書かれたページをひっくり返して探し回り、新しいノートの白いページを観想しないなら、書き始められようとしている一言の美しさを味わわないなら、無理なこと、残酷なことです。その一言は、ひっそりとほころぶ姿を見つめることのできないつぼみのようです。

わたしたちは、どんどん残り少なくなっていく最後のページの余白を見ないように、眠りたくなります。わたしたちには、目にしたくないことがなんとたくさんあるでしょうか！　生まれてすぐ、赤ん坊は、いきなり存在するようになったこの世界の労苦に立ち向かうため、眠りに逃れます。わたしたちはこれを続けているのです。過酷な人生から身を守るために、眠りの作戦を練りました。空想にふけり、まどろみながら生きています。人生は過ぎ去っていくのに、眠り続けるのです。福音の中でイエスが粘り強く、目覚めるよう、警戒しているように招いているのは、当然のことかも知れません。結局、眠っている人は十分に人生を生きておらず、イエスは、もう一度人生を主体的に生き始めるように招いているのです。

まどろんでいないときには、わたしたちは気を紛らわせます。人との接触に酔いしれ、楽しみのボトルを飲み干し、とめどない愚痴で鈍くなります。わたしたちは物の意味を探求するのをやめました。ただ使うだけです。こうして人生は通り過ぎていきます。
　混乱と混沌の時には、動揺し、恐れと苦悩にかられます。ですから、生き続けるために注意していなければなりません。すべてが崩壊する時は、解放の時かも知れません。目覚めの時、冴《さ》えている時かも知れません。破局は啓示の時ですが、第一にわたしたちが内に持っているもの、恐れと望みが現れる時です。人生の中で何かが終わろうとしているなら、酔っ払ったり、暗い部屋でベッドに横たわったりせずに、取りかかりたい次の一章をどう書き起こすかを考え始めましょう。

《自己の内面に向き合うために》
＊人生で何か大事なことが終わる時期を、どのように生きていますか？
＊リアクションを起こそうとしますか、あるいは、やる気をなくしますか？

50 物語にてらして自分を振り返る

わたし自身がわたしにとって難題となりました。　†アウグスチヌス

ルカによる福音　22・1〜3、31〜34、39〜40、54〜62、23・3〜4、8〜9、24〜26、35、44〜47、50〜53

さて、過越祭と言われている除酵祭が近づいていた。祭司長たちや律法学者たちは、イエスを殺すにはどうしたらよいかと考えていた。彼らは民衆を恐れていたのである。しかし、十二人の中の一人で、イスカリオテと呼ばれるユダの中に、サタンが入った。（……）

「シモン、シモン、サタンはあなたがたを、小麦のようにふるいにかけることを神に願って聞き入れられた。しかし、わたしはあなたのために、信仰が無くならないように祈った。だから、あなたは立ち直ったら、兄弟たちを力づけてやりなさい。」するとシモンは、「主よ、御一緒になら、牢に入っても死んでもよいと覚悟しておりま

す」と言った。イエスは言われた。「ペトロ、言っておくが、あなたは今日、鶏が鳴くまでに、三度わたしを知らないと言うだろう。」（……）

イエスがそこを出て、いつものようにオリーブ山に行かれると、弟子たちも従った。いつもの場所に来ると、イエスは弟子たちに、「誘惑に陥らないように祈りなさい」と言われた。（……）

人々はイエスを捕らえ、引いて行き、大祭司の家に連れて入った。ペトロは遠く離れて従った。人々が屋敷の中庭の中央に火をたいて、いっしょに座っていたので、ペトロも中に混じって腰を下ろした。するとある女中が、ペトロがたき火に照らされて座っているのを目にして、じっと見つめ、「この人も一緒にいました」と言った。しかし、ペトロはそれを打ち消して、「わたしはあの人を知らない」と言った。少したってから、ほかの人がペトロを見て、「お前もあの連中の仲間だ」と言うと、ペトロは、「いや、そうではない」と言った。一時間ほどたつと、また別の人が、「確かにこの人も一緒だった。ガリラヤの者だから」と言い張った。だが、ペトロは、「あなたの言うことは分からない」と言った。まだこう言い終わらないうちに、突然鶏が鳴いた。主は振り向いてペトロを見つめられた。ペトロは、「今日、鶏が鳴く前に、あなたは三度わたしを知らないと言うだろう」と言われた主の言葉を思い出した。そして外に出て、激しく泣いた。（……）

そこで、ピラトがイエスに、「お前がユダヤ人の王なのか」と尋問すると、イエスは、「それは、あなたが言っていることです」とお答えになった。ピラトは祭司長たちと群衆に、「わたしはこの男に何の罪も見いだせない」と言った。（……）［ヘロデは］イエスを見ると、非常に喜んだ。というのは、イエスのうわさを聞いて、ずっと以前から会いたいと思っていたし、イエスが何かしるしを行うのを見たいと望んでいたからである。それで、いろいろと尋問したが、イエスは何もお答えにならなかった。（……）そこで、ピラトは彼らの要求をいれる決定を下した。そして、暴動と殺人のかどで投獄されていたバラバを要求どおりに釈放し、イエスの方は彼らに引き渡して、好きなようにさせた。人々はイエスを引いて行く途中、田舎から出て来たシモンというキレネ人を捕まえて、十字架を背負わせ、イエスの後ろから運ばせた。（……）

民衆は立って見つめていた。議員たちも、あざ笑って言った。「他人を救ったのだ。もし神からのメシアで、選ばれた者なら、自分を救うがよい。」（……）

既に昼の十二時ごろであった。全地は暗くなり、それが三時まで続いた。太陽は光を失っていた。神殿の垂れ幕が真ん中から裂けた。イエスは大声で叫ばれた。「父よ、わたしの霊を御手にゆだねます。」こう言って息を引き取られた。百人隊長はこの出来事を見て、「本当に、この人は正しい人だった」と言って、神を賛美した。（……）
さて、ヨセフという議員がいたが、善良な正しい人で、同僚の決議や行動には同意しなかった。ユダヤ人の町アリマタヤの出身で、神の国を待ち望んでいたのである。この人がピラトのところに行き、イエスの遺体を渡してくれるようにと願い出て、遺体を十字架から降ろして亜麻布で包み、まだだれも葬られたことのない、岩に掘った墓の中に納めた。

心の中に動くものを読み取ることは、難しい作業です。勇気がないことも多く、その重荷を担うことさえできないのかも知れません。でも時折、自分がさらけ出される状況にぶつかったり、いろいろな話を聞いて自分の歴史を振り返ることができたりします。他者の話の中に自分を認めるほうが易しいものです。自分自身のことを直接語るより、別の人の話に類似点を見つけるほうがよほど耐えやすいということです。

イエスの受難物語をとおして、自分の人生を読み直すことができます。受難物語は、人間の心のダイナミクスが見て取れる聖書の箇所です。

わけてもルカの物語は、一晩のうちに展開します。晩さんをともにする夕べから、苦悩に満ちた祈り、裏切り、判決の夜へと、翌日の日の出を見るまで移っていきます。この夜は、誰もが心に体験する夜です。必ずしも夜明けの光は見てとれないのですが。


しかしもっと驚かされるのは、この人間のダイナミクスを神が通られるということです。イエスは人類によって打ちのめされるまでに、この人類の中に留まっておられます。神と人とは同じ歴史の中で、一つに練り合わされます。宗教の歴史の中で初めて、人間に対して神に到達するよう、神のために自らを犠牲にするよう努力することが求められず、神ご自身が人類の深淵に降られ、人間のためにご自身を犠牲にされるのです。この聖書の箇所を読み返しながら、神がどのように自分の人生を通っておられるかを省察することができます。

受難の歩みをたどることは、ルカにとって、御父の家に向かう道を再び見いだすことです。自身の人生を読み直しながらこの受難物語をたどるのは、御父の家に向かう道を探し続ける放蕩《ほうとう》息子、弟です。イエスの死において、神殿の垂れ幕は裂け、神の家は決定的に開かれ、閉じられる扉はもうありません。受難物語の中で、道に迷って御父の家へと帰る道を探している息子は、まずペトロです。ペトロのまなざしをとおして、わたしたちもその道をたどることができます。ペトロは、父親にぶどう園に働きに行くと言いながら行かなかった息子です。ペトロは「主よ、御一緒になら、牢に入っても死んでもよいと覚悟しております……わたしはあの人を知らない……いや、そうではない……あなたの言うことは分からない」と言ったのです。

心ならずも、人生の中で避けられない問いに突き当たることがあります。たまたま置かれた状況の中で、自分が本当はどのような者であるかが現れ、本心にあることが明らかになります。ペトロは温まるために火に近寄ったのですが、自分があらわになる光を受けたのでした。

弟、放蕩息子が愛情の渇きを体験しなければならなかったように、ペトロも涙の体験をすることになります。涙に濡《ぬ》れた目で、裏切られた友に出会わねばならないでしょう。そして、涙の体験によって世界を別の目で見るようになります。もう力や思い込み、大胆さから見ることはなく、屈辱、もろさ、窮状に立って見るのです。

ペトロは末席に戻らなければなりません。それは、人に知られずに、また時に自覚せずに真の弟子となっている人たちから学ぶためです。例えば、否応なしに十字架を担うことになったシモンというキレネ人は、黙々と、それと知らずに、神が歩みを遂げるのを助けます。また、エルサレムの娘たちは、決して花婿から離れず、花婿が美しさや力強さを失ってもついて行きます。ペトロは、イエスといっしょに十字架にかけられていた犯罪人からさえも学ばなくてはなりません。この犯罪人は十字架の前で自分の罪を認め、御父の家に伴っていただくのです。

ペトロは力の駆け引きをしている人です。イエスが契約について、友情について、かかわりを築き直すことについて話しているときに、弟子たちは勝利への愛（これはギリシア語の表現で、聖書本文では弟子たち同士の口論と訳されている）について話し、言い争い、議論し、権力を得ようとしています。結局、弟子たちはイエスに従ったとしても、力や成功、自己主張に思いを致し続けます。いったいいつから、彼らは二本の剣を隠し持っていたのでしょうか。結局、彼らはイエスに信頼しきったことはなく、いつも傍らに人間的な解決策を持っていたのです。わたしたちは本当に、脇に持っている剣を捨てるつもりがあるでしょうか？

弟、放蕩息子のように、ペトロも飢えた状態に戻らなければなりません。父親が息子たちに財産を分けたように、イエスはご自分の体を友人たちに分け与えます。でも、ペトロには足りません。心が重くなっています。眠りに落ちています。園《その》で迷っています。迷っているのは、何を得たいかさえ分からないからです。ペトロにとって本当のパンはあの友人イエスですが、それがまだ分かっていないのです。

弟が、ある雇い主の豚にすがったように、ペトロは中庭の火にすがります。しかしまさしくそこで、破滅のどん底にあるときに、友人と離れたところで、自分が本当に何に飢えているかに気づきます。そのとき初めて、御父の家に向かう歩みを再開できるのです。

《自己の内面に向き合うために》

＊人生の現時点で心に起きていることを、受難の物語はどのように理解させてくれるでしょうか？

＊神は、どのようにあなたの人生を通っておられますか？

51 ……から逃げ出したい！

あなたはわたしたちを、あなたに向けてお造りになりました。わたしたちの心は、あなたの内に憩うまで安らぎを得ません。

†アウグスチヌス

ルカによる福音　24・13～35

ちょうどこの日、二人の弟子が、エルサレムから六十スタディオン離れたエマオという村へ向かって歩きながら、この一切の出来事について話し合っていた。話し合い論じ合っていると、イエス御自身が近づいて来て、いっしょに歩き始められた。しかし、二人の目は遮られていて、イエスだとは分からなかった。イエスは、「歩きながら、やり取りしているその話は何のことですか」と言われた。二人は暗い顔をして立ち止まった。その一人のクレオパという人が答えた。「エルサレムに滞在していながら、この数日そこで起こったことを、あなただけはご存じなかったのですか。」イエスが、「どんなことですか」と言われると、二人は言った。「ナザレのイエスのことです。この方は、神と民全体の前で、行いにも言葉にも力のある預言者でした。それなのに、わたしたちの祭司長たちや議員たちは、死刑にするため引き渡して、十字架につけてしまったのです。わたしたちは、あの方こそイスラエルを解放してくださると望みをかけていました。しかも、そのことがあってから、もう今日で三日目になります。ところが、仲間の婦人たちがわたしたちを驚かせました。婦人たちは朝早く墓へ行きましたが、遺体を見つけずに戻って来ました。そして、天使たちが現れ、『イエスは生きておられる』と告げたと言うのです。仲間の者が何人か墓へ行ってみたのですが、婦人たちが言ったとおりで、あの方は見当たりませんでした。」そこで、イエスは言われた。「ああ、物分かりが悪く、心が鈍く預言者たちの言ったことすべてを信じられない者たち、メシアはこういう苦しみを受けて、栄光に入るはずだったのではないか。」そして、モーセとすべての預言者から始めて、聖書全体にわたり、御自分について書かれていることを説明された。

一行は目指す村に近づいたが、イエスはなおも先へ行こうとされる様子だった。二人が、「一緒にお泊まりください。そろそろ夕方になりますし、もう日も傾いていますから」と言って、無理に引き止めたので、イエスは共に泊まるため家に入られた。一緒に食事の席に着いたとき、イエスはパンを取り、賛美の祈りを唱え、パンを裂いてお渡しになった。すると、二人の目が開け、イエスだと分かったが、その姿は見えなくなった。二人は、「道で話しておられるとき、また聖書を説明してくださったとき、わたしたちの心は燃えていたではないか」と語り合った。そして、時を移さず出発して、エルサレムに戻ってみると、十一人とその仲間が集まって、本当に主は復活して、シモンに現れたと言っていた。二人も、道で起こったことや、パンを裂いてくださったときにイエスだと分かった次第を話した。

落胆したときにまず頭に浮かぶのは、逃げることです。ある状況、あるかかわり、ある責任から、逃げ出したいと思います。落胆には怒りが含まれていることがたびたびあります。そして怒りは理性を失わせます。このため、落胆して逃げ出しながら、はっきりどこに行くのか分からないことも多々あります。どこに向かうか分からないにしても、差し当たり、出ていくことが先決なのです。

福音のこのくだりでも、同じことが起こっています。落胆し疲れてしまった二人の弟子は、帰路に着くことにします。起こったことをすべて消し去るように、愛の物語を生きてきた場所から遠ざかっていきます。

わたしたちが落胆し怒っているときには、犯人捜しをしたり、意味や理由を見つけようとしたりして、いろいろな考えが浮かび、いらだちます。勝者のいない争いのように、二人の弟子は論じ合います。ギリシア語の動詞「antiballo　何かを互いに投げ合う」がよく表しているように、出口が見えずに、食い違う意見を言い合うのです。解決をつけるというより、発散するために口げんかする恋人同士のようです。

落胆して怒り、出口が見えないと、悲しくならずにはいられません。そしてルカによると、悲しみは盲目にします。心が過去に閉じ込められているので、今起こっていることを見ることができなくなるのです。

この箇所の二人の弟子はわたしたちのようです。わたしたちも、かかわりが厄介になったとき逃げ出そうとします。苦しみを避けたいと思います。それでこの二人の弟子のように、どこに向かって行くかも分からずに逃げて行きます。離れることが肝心なのです。

おそらくエマオは、イエスが二人を呼び出した村でしょう。ですから、エマオに帰るとは、何も起こらなかったことにして自分の過去に戻ることになります。ところで何人かの注解者は、ルカが書いた時代には、エマオという名の村はもうなかったと特記しています（CEI聖書の注では、「特定困難な場所」としている）。まるでこの二人の弟子が、未知の世界に向かって、ありもしない場所に向かって逃げていると言わんばかりです。

とは言え、旧約聖書の中、マカバイ記一の4章3節では、エマオと呼ばれる村について語られているのも事実です（訳注　日本語訳では、エマオでなく「アマウス」）。ユダ・マカバイが異教徒と戦ったとき、神がイスラエルの解放者として現れた場所です。そうであれば、ルカは、二人の弟子が、苦しむキリストとは違う神のイメージを求めていることを暗示しているのかも知れません。二人の弟子は勝ち誇った神、栄光に満ちた神、成功と勝利の神を求めていて、だからこそ、見たいと望んでいる唯一の神のみ顔を味わった場所、エマオに帰るのかも知れません。

わたしたちも、神とのかかわり、また親しいかかわりの中で、楽しく喜びにあふれていた時だけをふるい分けし、どんなタイプのかかわりも必ず通る、困難な時期を消し去ろうとするのかも知れません。ところが、イエスは二人の弟子に、「メシアは苦しむはずだった」ことを思い出すよう促し、言わば彼らが見たくない苦しみへと向き直らせます。

落胆を乗り越えられるように、イエスは二人が愛の物語を読み返すのを助けます。二人の前で家族のアルバムをひもとき、つまり聖書をたどって、彼らの人生に認められる神の存在のしるしをことごとく示されます。神がどのように彼らに同伴してこられたかを見るよう（二人の目を開き）助けます。それで、この物語を見直したとき、二人の弟子は「一緒にお泊まりください。そろそろ夕方になりますから」と言って、イエスに一緒に留まるように願います。わたしたちの人生は夕暮れになり、希望が消え失せ、夜が怖いのです。確かに神は、人生に夕暮れが訪れるときにも、わたしたちに同伴し続ける方です。

自身の歴史に印《しる》された数々の愛のしるしを見返すとき、心は和らぎます。落胆したことで、弟子たちは逃げたい気持ちに駆られましたが、愛によって、帰りたいという望みが湧きます。エマオの二人はエルサレムに戻ります。歩みの方向を転換し、心の向きを変えます。エルサレムは自分たちが遠ざかった共同体のある場所、かかわりに幻滅した場所です。

ルカは、二人の弟子のうち一人の名前しか伝えていません。クレオパです。ある人々によれば、表現技巧上、もう一人の弟子はルカ自身を示していて、ルカは慎みから自分の名前を記さなかったのではないか、ということです。もっと可能性があるのは、読者各自が二人の弟子の一人に自身を当てはめるために名前がないということです。もう一人の弟子はわたしなのです。確かにルカは、霊的生活のダイナミクスを描きました。わたしたちは主に従い、その後、幻滅して怒り、遠ざかりました。でも、主はわたしたちを追いかけ、連れ戻しに来てくださったのです。

エマオの二人の弟子が、共同体のあるエルサレムに戻って後、何が起こったかと考えてみてもよいでしょう。二人は、いつまでもそこにはいなかったかも知れません。もう一度落胆し、再びエルサレムを後にして、無名の場所に向かったかも知れません。そして、イエスがもう一度連れ戻しに来られたでしょう。実にこれが霊的生活で、わたしたちはエルサレム―エマオ―エルサレム間の定期券を持っているのです！　これが、愛と逃避の間で繰り広げられるわたしたちの人生です。

《自己の内面に向き合うために》

＊落胆したとき、どのように反応しますか？

＊いろいろ考えていらだっているとき、そこから出るのに何が助けになりますか？

52 信仰に導かれ、命へと旅する

外なる人が隠修士になるのは易しく、望みさえすればよい。しかし、内なる人が隠修士になるには、厳しい闘いを要する。

†シナイのヘシキアス

ルカによる福音　24・36〜53

こういうことを話していると、イエス御自身が彼らの真ん中に立ち、「あなたがたに平和があるように」と言われた。彼らは恐れおののき、亡霊を見ているのだと思った。そこで、イエスは言われた。「なぜ、うろたえているのか。どうして心に疑いを起こすのか。わたしの手や足を見なさい。まさしくわたしだ。触ってよく見なさい。亡霊には肉も骨もないが、あなたがたに見えるとおり、わたしにはそれがある。」こう言って、イエスは手と足をお見せになった。彼らが喜びのあまりまだ信じられず、不思議がっているので、イエスは、「ここに何か食べ物があるか」と言われた。そこで、焼いた魚を一切れ差し出すと、イエスはそれを取って、彼らの前で食べられた。イエスは言われた。「わたしについてモーセの律法と預言者の書と詩編に書いてある事柄は、必ずすべて実現する。これこそ、まだあなたがたと一緒にいたころ、言っておいたことである。」そしてイエスは、聖書を悟らせるために彼らの心の目を開いて、言われた。「次のように書いてある。『メシアは苦しみを受け、三日目に死者の中から復活する。また、罪の赦しを得させる悔い改めが、その名によってあらゆる国の人々に宣べ伝えられる』と。エルサレムから始めて、あなたがたはこれらのことの証人となる。わたしは、父が約束されたものをあなたがたに送る。高い所からの力に覆われるまでは、都にとどまっていなさい。」

イエスは、そこから彼らをベタニアの辺りまで連れて行き、手を上げて祝福された。そして、祝福しながら彼らを離れ、天に上げられた。彼らはイエスを伏し拝んだ後、大喜びでエルサレムに帰り、絶えず神殿の境内にいて、神をほめたたえていた。

福音書は、確かに人間のダイナミクスに語りかけています。イエスのことば、その話は、いつでも相手の状況を踏まえて始められます。イエスは、その人が生きていることに向き合います。出発点は当然、人間性となります。

したがって霊性は、決して体を離れたものではあり得ません。霊性が、人間であることを起点としないなら、肉体に無関係であるなら、単なる空想、現実と接点を持てない一つの観念に過ぎません。

人間のダイナミクスが霊的なものとなるのは、このダイナミクスが神との出会いの場であるときです。この意味で、もとより人間性は霊的でもあります。神が人間性と出会われるのは、創造されたときに始まり、イエスがこの肉体をとられたという極めて内面的な出会いにまで至ります。これによってイエスは、肉体と霊、神と人類との一致を揺るぎなく永遠なものとされました。

現代人の誘惑は、小心翼々とした自己省察によって自分に閉じこもることです。もちろんこういった省察は、内にあるメカニズムを知るために大いに役立つでしょうが、自己という罠《わな》から出られる希望はないのです。

わたしたちを愛し、同伴してくださる方のまなざしを感じることなしに自己の内面を読み取ろうとするなら、自分が逸脱しているという重圧に押しつぶされかねません。自分だけで内面を見つめるなら、自我と良心の間、ありのままの自分とその自分を裁くまなざしとの間で身動きがとれなくなる恐れがあります。

この板挟みから救い出し、慈しみ深く見つめ癒やしてくださる方のまなざしが必要です。これが信仰体験であり、これによって、希望を抱くという単なる（または、たいへん）人間的な見方ができるようになります。信仰体験は、わたしの人間性を愛してくださった、そして愛し続けてくださっている方、神との出会いです。


このルカ福音書の箇所では、人生に付き添い、また人生を変容する偉大な典礼として、信仰体験が描かれています。いくつかの写本で、この箇所が「アーメン」で結ばれているのは不思議ではありません。

人生は、わたしたちが名前で呼ばれるという、一言の告知をもって始められる典礼です。これがことばの典礼です（※文末参照）。人生のせわしない混乱の中で、浅はかだったり、上の空だったりしても、わたしたちは一つのメッセージの受け手です。わたしたちのために命を与えた、そしてこれからも与えるだろうと、誰かが告げ続けています。

それに値する者には決してなり得なくとも、キリストはわたしが生きられるように、命がわたしにとって終わりなく永遠であるように、死なれるのです。あわれみとは、まだ罪の中にいるときにゆるされる体験をすることです。人間にとってのよい知らせ、信仰の核心とは、罪があっても永遠の死に至ることはない、ということです。

人生の典礼は、「聖霊の働きを求める祈り（エピクレシス）」へと続いていきます。この祈願はミサをささげるごとに聞かれ、「父よ、いま聖霊によって……」と、聖霊を遣わしてくださるように祈ります。そうです、御父はわたしたちの上にご自身の霊、その力、光を遣わし続けておられます。ゆるされたという体験が、わたしたちの中に生き生きと留まり続けるためです。「わたしは、父が約束されたものをあなたがたに送る。」

この体験の記憶が、証しの条件です。無償で愛される体験をしたあなたがたは、この体験を他の人と分かち合いなさい、ということです。わたしたちは他でもない、このことの証人です。断罪されて当然だったのに、ゆるされたことの証人です。イエスはわたしたちを証人とされたので、「わたしたち」という複数形で語る必要があります。最初から教会は、一人ひとりの個人的体験としてではなく、ゆるしの体験をともにする一つの共同体として、わたしたちという複数形で誕生しています。また共同体としていっしょに生きることで、あわれみの体験を告げ知らせるよう、遣わされます。信仰の証しは最初から共有されたものであり、私的なものではありません。

この人生における典礼は閉じられ、また閉じられません。終わりますが、続いています。主はこの行為を祝福され、ルカの記述によれば、弟子たちはイエスを伏し拝みながらこれに答え、祝福を受けます。そしてエルサレムに帰り、いつまでも神殿に留まります。つまり永遠に続く賛美の中に入るのです。人生でゆるされた体験のある人にとっては、人生そのものが、おのずといつまでも続く賛美となっていきます。そしてまさしくこの賛美、賛美としての人生こそが、証しとなるのです。アーメン。わたしの人生がこのようでありますように。

※訳注　著者は人生を、神が一人ひとりを名前で呼び出す一言をもって始まる典礼（ミサ）ととらえている。人生において、わたしたちはキリストの死による罪のゆるし、神の無償の愛を体験し、この体験を聖霊によって記憶し、共同体として他者と分かち合うように遣わされる。人生はいつまでも続く賛美となるというもの。

《自己の内面に向き合うために》

＊今日神は、具体的に、あなたの人生のどのようなところについて語っておられますか？

＊あなたはどのように、よい知らせ、福音の証人となっていますか？

聖書の引用はすべて、日本聖書協会の『聖書　新共同訳』を
使用させていただきました。

著者紹介 § ガエタノ・ピッコロ

Gaetano Piccolo

1973年、ナポリに生まれる。イエズス会士。教皇庁立グレゴリアン大学で形而上学を教える。個人的な霊的体験（聖アウグスチヌスの著作の読書とスリランカでの養成期間によっても熟した）をとおして、聖書への一つのアプローチを展開。それは、神のことばと出会うことで、各自の人間的なダイナミクスを浮かび上がらせようとするもので、心が照らされ、癒やされるためである。著書に『自己の内面を読む　マタイによる福音書とともに』、『自己の内面を読む　マルコによる福音書とともに』、『頭か心か？　識別のアート』（いずれもイタリアの女子パウロ会）がある。

訳者 § 松岡陽子（まつおかようこ）　聖パウロ女子修道会会員

自己の内面を読む　ルカによる福音書とともに

著　　者／ガエタノ・ピッコロ
訳　　者／松岡陽子
発 行 所／女子パウロ会
代 表 者／井出昭子
〒107-0052 東京都港区赤坂８丁目12-42
Tel.03-3479-3943　Fax.03-3479-3944
Web サイト https://www.pauline.or.jp/
印 刷 所／株式会社工友会印刷所
初版発行／2021年６月30日

ISBN978-4-7896-0824-4 C0016　NDC194
Printed in Japan